日本と中国の絆《きずな》

胡金定

第三文明社

富士山下桜花開（富士山の麓には桜が満開）／鼓浪海上嘉賓来（鼓浪嶼海上にはすばらしい賓客が来る）
日本と中国の友好を願って書をしたためたのは、著者の友人の書家黄無疆氏（日本の富士山と著者の故郷・中国廈門の名所鼓浪嶼岩山頂上の写真を合成したもの）。この写真は廈門の「福建省胡金定教育基金」ビル内に飾ってある

財界の会合で講演したときの著者（2012年10月、大阪市内で）

日本と中国の絆

題字「絆」─胡金定

装幀・本文デザイン─木村祐一（ゼロメガ）

目次

第二章　人的つながり――温故知新

第三章　日中友好に尽力した人びと

第四章　友情の歴史が未来につながる

第五章　日中文化の絆

序章　日本と中国の共通点

二千年の交流の歴史から

私はこれまで三十年にわたって、中国と日本の文化の比較研究を続けてきました。約二千年を超える両国の交流の歴史をひもといてわかったことは、文化や生活習慣など、両国の共通点のあまりの多さです。

たとえば、私の名前の金定《きんてい》です。私は、一九五六年六月三日生まれの、申《さる》年《どし》です。中国では古くから、「庚申《こうしん》の日（庚申の年、月、日、時間）」生まれの子どもは大泥棒になるという根強い迷信がありました。

わが子の将来を案じた両親は、「先天的に不足しているものは後天的に補えばよい。死ぬまで肌身離さぬものは名前だろう。〈金〉の名前を〈定〉めてしまえば、他人のお金を盗む泥棒にはならないだろう」と考え、私に金定という名前をつけたのです。

実は、同じようなエピソードが、明治の文豪・夏目漱石《そうせき》（本名＝夏目金之助）にもあるのです。私と同じ庚申の日生まれだった漱石も、わが子の厄除《やくよ》けを願う両親によって「お金の助けを得る」という意味の金之助の名を与えられたのです。

風習だけではなく、食文化においても、両国には深い文化的つながりがあります。たとえば日本の皆さんになじみ深い「らっきょう」は、わがふるさと福建省廈門《アモイ》市の「ラーギョ」という言葉から来ています。

また、焼酎《しょうちゅう》は「ショーチュウ」が転じたものだとされています。さらに海老《えび》は「エヴィ」からきたものだと言われています。

お正月のお餅《もち》は「モァツィ」から伝わったものだとされているのです。

教師が語った「日本の偉大な人物」

私が日本に興味を抱いたきっかけは、高校の社会科の授業でした。学校の先生が、一九六八年の九月八日に発表された池田大作先生（創価学会名誉会長）の「六八年池田提言（日中国交正常化提言）」を紹介し、「日本には世界の平和を愛する人物がいる。正しい人生を生きる大きな勇気を持った偉大な人物である」とほめ讃《たた》えたのです。

私は非常に驚くとともに強い関心を持ちました。なぜなら当時の中国は、「新しき社会主義文化建設」の名のもとに「文化大革命」と呼ばれる激しい権力抗争を繰り広げており、欧米などの自由主義諸国も共産主義中国を危険視していたためです。

また日本においても、それまでの日台（台湾）関係を重要視する人々が多かったことから、実質的に内乱状態に陥《おちい》っている新中国との友好には、大変厳しい視線が向けられていたのです。

いま振り返ってみても、内外共に大変な状況下でなされた池田先生の勇気ある行動は、本当に素晴らしいものだったと感じています。

池田提言では、さまざまな観点から先駆的で未来を展望した提案がなされました。とりわけ、「中国は侵略的ではない」とのメッセージは、一九四九年の建国以来、国際社会との信頼関係を何よりも大切にしてきた中国にとって、大きな励みとなるものでした。

七六年に十年もの長きに及んだ文化大革命がようやく終わると、中国は改革開放経済を目指して大きな前進を始めました。同時に日本との外交関係構築にも力を注ぎ始めました。「日中友好なくして、アジアの安定も世界の平和もない」との池田提言が、中国国内において再び大きな注目を集めたのもそのためです。

国立の廈門大学に進学した私は、大学の図書館で、中国語に翻訳された小説『人間革命』に出あって深い感銘を覚えるなど、池田先生の著作に親しんでいました。廈門大学卒業後、専任講師で世界銀行の奨学生試験に合格し、日本留学を志《こころざ》したのもそのためです。

実は、アメリカの強い影響下にある世界銀行では、留学先にアメリカを選ぶよう勧められます。実際、私のほかに合格した三人の奨学生たちも、皆がアメリカ留学を選択しました。私も二度ほどアメリカ留学を選ぶよう求められましたが、日本留学の希望を変えることはありませんでした。それほど池田先生の平和思想に感動していたのです。

留学した日本でも、池田先生の著作を読みふけりました。私にとって池田先生の本を読むことは、日本語の勉強そのものでもありました。

正しい文法を用いた美しい日本語で、難解な漢字にはルビも振られ、読む者の心を励まし勇気づける池田先生の数々の著作は、非常に優れた日本語の教科書でもあったのです。

魯迅を超える肩書

日中友好に不滅の足跡を残されている池田先生ですが、果たして中国国内においては、どのように受け止められているのでしょうか。まず中国では、周《しゅう》恩来《おんらい》元総理と池田先生の深い友情の絆《きずな》が「周池《しゅうち》精神」として一般国民の間に広く知れ渡っています。

また池田先生は、文豪・魯迅《ろじん》をも超える十の肩書をもった方として多くの人々の尊敬を集めています。すなわち、宗教家・教育家・哲学家・思想家・

文学家・撮影家・作家・文化運動家・平和運動家・社会運動家です。ちなみに、魯迅は文学家・思想家・革命家・評論家の四つです。現代中国において、これほど多彩な活躍をされている方はまれな存在です。

池田先生はこれまで十回訪中されています。はじめは日中国交回復が実現した二年後の一九七四年でした。二度目の訪中の際、池田先生は、周恩来元総理と固く握手をされ、深い友情の絆を築きました。

天安門事件によって西側の自由主義諸国から経済制裁を受けていた九〇年にも池田先生は訪中してくださいました。日本政府が国民に対して渡航に慎重になるよう呼びかけていた時に、池田先生は日中関係の重要性を世界に向かってアピールしてくださったのです。

池田先生の日中友好の絆はその後も変わりません。二〇一三年一月に発表された、「二〇三〇年へ平和と共生の大潮流」と題するSGI（創価学会インタナショナル）の日記念提言では、両国の青年が力を合わせて「東アジア環境協力機構」の設立を目指すよう呼びかけられました。緊張の続く両国関係にあって、節目節目で必要な手を打たれる池田先生のご貢献は真《しん》に尊いものだと感じています。

本書は、月刊誌『第三文明』の二〇一三年七月号から一五年八月号まで二十四回連載した「中国と日本のあいだで」を大幅に手直しし、新たな原稿を加えたものです。

私にとっては、日本語による初めてのエッセイ風の論考集でもあります。日中関係がかつてない緊張と摩擦の高まりを見せている状況にあって、本書が読者の皆様に関係改善へのヒントとなれば、著者としてこれほどうれしいことはありません。

第一章　日中関係の現在

日中首脳会談の重要性

中国人旅行客が急増

二〇一二年九月、日本政府が尖閣諸島《せんかくしょとう》（釣魚島《ちょうぎょとう》）を国有化してから、日中関係は悪化の一途をたどっています。両国間の首脳会談だけでなく、さまざまな分野の政府間対話チャンネルが中断された状態で三年が経過し、その歪《ひず》みが如実に現れてきています。

日本の言論NPO（民間非営利団体）と中国日報社が二〇一四年七〜八月に実施した「第十回日中共同世論調査」の結果によりますと、日本人の「相手国に対する印象」は、「良くない」（「どちらかといえば良くない印象」を含む）が九三パーセントとなり、〇五年から調査開始以来、最悪の結果となりました。

一方、中国人では「良くない印象」は八六・八パーセントとなり、過去最悪だった一三年の九二・八パーセントよりは改善されたものの、依然として八割を超えている状態です。

また、「良い印象」（「どちらかといえば良い印象」を含む）を持っている中国人は、一三年の五・二パーセントから一一・三パーセントと二倍以上に増えています。

この一年間の印象の変化を見ますと、中国人では五七・三パーセント（一三年は一四パーセント）と六割近く、日本人では六六・七パーセント（同三四・三パーセント）と七割近くが、相手国に対する印象が「悪くなった」と答えており、悪くなったと感じる両国民が尖閣諸島（釣魚島）国有化以来、大幅に増加していることを如実に示しています。これは深刻な状況です。

旅行業では、日本政府観光局の統計によると、中国人旅行者数は二〇一二年九月から減り続け、同年の中国人訪日数は百四十二万人で前年度より三六パーセント増でしたが、一三年は百十一万人で、一六パーセント減少しました。日中関係の冷え込みを起因として、訪日中国人と訪中日本人の減少による日中航空路線の縮小・中止も相次ぎ、出張も不便になりました。

それが一転、一四年十一月に北京《ペキン》で開催されたＡＰＥＣ（アジア太平洋経済協力会議）を機に両国関係は顕著に回復の兆《きざ》しを見せ始めました。習近平《しゅうきんぺい》国家主席と安倍晋三首相の首脳会談が実現したためです。

中断されていた両国間の高官級海洋問題協議、海上と航空ホットライン構築のための実務級会議、外交と国防当局者が参加する安保対話、科学技術分野の協力案を話し合う両国間の科学技術協議会、そして財務当局間の対話などが相次いで開催されるようになりました。

自民党と中国共産党の間の会議も再開されています。二〇一五年四月には習主席はインドネシアのジャカルタで安倍首相と再度首脳会談を行いました。

APEC以降、中国人訪日旅行客は急増し、二〇一四年の中国人訪日数は初めて二百万人を突破し、前年度より八〇パーセント増でした。一五年一～七月には、すでに二百七十五万人を超え、前年同期比一一四パーセントで韓国と台湾を抜きました。

旅行客の増加により、日本・中国の旅客便は週八百八便、貨物便は週八十二便にまで増便しました。

二〇一四年の日中貿易統計を見ますと、輸出（中国の対日輸入）は〇・三パーセント増の千六百二十六億八千五百六十四万ドル、輸入は〇・一パーセント増の千八百九億九千六百四十六ドルとなり、前年より微増となりました。経済への影響も少しではありますが、好転する局面を迎えました。日中首脳会談の重要性をうかがい知ることができます。

関係改善の一歩

先のAPECでの日中首脳の正式会談は十一月十日午後、北京の人民大会堂で実現しました。両首脳ともぎこちない笑みで表情は固く、会談自体は短いものでしたが、習近平政権と二次安倍政権が発足して以来初めて実現した会談に、日中両国の多くの国民はほっと胸をなで下ろしたことでしょう。

日本政府にとって、中国政府が主催するAPECは日中首脳会談の絶好のチャンスで、見逃すことはできませんでした。その環境作りのため、十一月六日、日本国家安全保障局長の谷内《やち》正太郎氏が中国を訪問し、中国外交担当の楊潔篪《ようけつち》国務委員と会談。翌七日、中国外交部、日本外務省が公式に日中関係改善に向けて四項目から成る「合意文書」を発表しました。これによって首脳会談の実現が大きく前進したといえます。

四項目の「合意文書」は次の通りです。

一、双方は、日中間の四つの基本文書の諸原則と精神を順守し、日中の戦略的互恵関係を引き続き発展させていくことを確認した。

二、双方は、歴史を直視し、未来に向かうという精神に従い、両国関係に影響する政治的困難を克服することで若干の認識の一致をみた。

三、双方は、尖閣諸島等東シナ海の海域において近年緊張状態が生じていることについて異なる見解を有していると認識し、対話と協議を通じて、情勢の悪化を防ぐとともに、危機管理メカニズムを構築し、不測の事態の発生を回避することで意見の一致をみた。

四、双方は、さまざまな多国間・二国間のチャンネルを活用して、政治・外交・安保対話を徐々に再開し、政治的相互信頼関係の構築に努めることにつき意見の一致をみた。

この「合意文書」に従い、二年ぶりの日中外務大臣の会談で、双方が日中ハイレベル経済対話を再開させるなどで意見が一致しました。さらに、同日宮沢洋一経済産業相と高虎城《こうこじょう》商務相、苗圩《びょうう》工業相と会談を行った後、記者団の取材に宮沢氏は「実り多い会談だった」と語りました。

そして、その後、二十五分の習主席と安倍首相の会談で、海上連絡メカニズムに関する事務協議や戦略的互恵関係の発展を再確認しました。

ＡＰＥＣ首脳会議終了後、安倍首相は北京市内のホテルでの記者会見で、「両国が戦略的互恵関係の原点に立ち戻り、関係を改善させていくために大きな一歩を踏み出すことができた」と習主席との会談を高く評価しています。

首脳会談の意義

習主席は、二〇一五年四月二十二日、バンドン会議出席のためインドネシアを訪問した安倍首相とジャカルタで二回目の会談を行いました。

五カ月ぶり二度目の会談は、雰囲気が改善され、両首脳とも朗らかな表情で笑顔も見せながら、実質的な会談が行われたように思いました。

会談の中で、習主席は「中日関係の大原則は、四つの政治文書の精神に厳格に従い、正しい歴史観、アジア隣国に関心を持って真剣に向きあい、両国関係を発展させることである。中国は、日本と対話及び意思疎通を強化し、信頼を増加して疑いを解き、協力のパートナーになり、両国人民の相互理解と認識を増進していく。中国は平和発展の道を確固として歩んでおり、日本と協力して、国際及び地域の平和、安定、繁栄のためにさらなる貢献を行うことを希望する。これは両国の指導者の果たすべき責任である。中国が提起した『一帯一路（シルクロード経済ベルト、二十一世紀海上シルクロード）』及びアジアインフラ開発銀行（AIIB）の提案は、国際社会の普遍的な歓迎を受けている」と指摘しました。

これに対して、安倍首相は、「再度習近平主席に会えて非常にうれしく、私は日中関係を改善することを希望している。日中関係の発展は、両国人民及び世界の平和と発展にとって有利である。私は、日中両国の発展が互いに脅威とならないということに完全に同意する。日本は、双方が昨年達成した四項目の共通認識を実行に移し、両国のさまざまな分野における交流と対話を積極的に推進し、両国人民の相互理解を増進することを願っている。私及び内閣は、『村山談話』を含むこれまでの歴代政権の歴史問題に関する認識を多くの機会に誓約してきたし、今後も継続して堅持したいと思っている。この立場が変わることはあり得ない。日本は、引き続き平和発展の道を歩む決心である。日本は、アジア地域のインフラ投資に対する巨大な需要を認識しており、この認識に基づき、アジアインフラ投資銀行問題について中国と検討したい」と表明しました。

両首脳は、持続的に日中関係改善を図ることで一致したうえで、日中間に存在する諸問題やアジアインフラ投資銀行についてなど幅広く意見交換し、日中関係の継続的改善を望んでいることを示しました。記者会見で安倍首相は「戦略的互恵関係を推進させ、地域や世界の安定と繁栄に貢献する。その必要性について一致できたのではないか」と会談の成果を披露しました。

滞《とどこお》っていた日中首脳会談はやっと再開へ動き出しました。日本と中国は世界第二、三位の経済大国で共通利益も多く有しています。日本人ビジネスマンによる中国の地方幹部らとの商談活動も盛んに展開されるようになってきました。

しかし日中関係の改善は道半ばにあり、日中間の問題は依然存在し、両国関係改善の基礎もいまだ脆弱《ぜいじゃく》です。互いに誠意をもって歴史を直視する積極姿勢を示し、関係改善の流れを確実なものにしなければなりません。首脳対話の継続、閣僚級の日中ハイレベルでの意思疎通を保つことが必要です。

正義と良識のある日本人

二〇一五年五月二十三日、自民党の二階俊博総務会長は、自ら会長を務める日本全国旅行業協会関係者約三千人（二十人超の国会議員や御手洗《みたらい》冨士夫・経団連名誉会長、政財界や日中友好団体の関係者らで構成）を率いて中国を訪問し、北京市内で「中日友好交流大会」に出席し、同席した習主席と会談を行い、安倍首相の親書を手渡しました。

習主席は「安倍首相とは二度会い、互いに戦略的互恵関係をしっかりやっていこうとなっている。このまま進めていけば中日は良い結果になると期待している」と述べ、「首相によろしくお伝えください」との伝言を託しました。

二階氏は会談に先立つ交流行事での挨拶《あいさつ》でも「日中関係を支えるのは政治

に左右されない民間の深い人的関係だ」と指摘。「中国と共に新時代を築いていきたい。平和友好を次の世代に引き継ぐことが我々の使命だ」とも強調しました。習主席からは「正義と良識のある日本人」と讃《たた》えられました。

習主席は「中日友好交流大会」で講演を行い、唐代の詩人、李白《りはく》や王維《おうい》と阿倍仲麻呂《あべのなかまろ》との感動的な友情を賞讃しました。

また、福建省の名僧・隠元《いんげん》が日本に渡り、仏教の教義だけでなく先進的文化と科学技術も伝え、江戸時代の経済・社会発展に重要な影響を与えたことを例に挙げました。両国人民の交流は長く、途切れることのない文化的根源と歴史的つながりがあるとし、対日関係重視という基本方針がこれまでもこれからも変わらないという政治的立場を主張しました。

さらに、良好な中日関係の構築には、政治だけではなく、今後も民間交流の展開が必要であると強調しました。

七月二十九日、日中の伝統文化を通じて両国の友好を目指して東京で設立された「日中友好文化交流促進日本委員会」会長に就任した二階俊博氏は「何か起こると針小棒大に伝えて大騒ぎするが、われわれはくみせず、交流を深める努力をしないといけない」と時流に流されない日中交流の重要性を述べました。

このように日中首脳会談が実現したことによって、三年間の空白を埋めるかのように関係改善への動きは速度を増したのです。

「涓滴岩《けんてきいわ》を穿《うが》つ」の譬《たと》えの如《ごと》く

中国が目指す調和社会

尖閣《せんかく》諸島国有化の動きにより、一九七二年の国交正常化以降、日中関係は最悪の状態に陥り、日本の大学生の中国語選択者数も二～三割減少しているようです。

次世代の日中関係を担《にな》う青年たちの中国に対する関心度が薄れていることに深い危機感を抱くのは私だけではないでしょう。

かつて日中国交正常化に尽力した先人たちは今日の冷え込んだ日中関係を、

予想だにしなかったでしょう。両国政府は事態を憂慮《ゆうりょ》するばかりでなく、真正面から向き合って善隣《ぜんりん》関係に戻す努力が幾重にも必要なのです。

中国人は基本的に平和を愛する民族です。いまだかつて、海外に侵略《しんりゃく》した歴史はありません。常に自衛、外来《がいらい》侵略防御《ぼうぎょ》に重きを置いています。時間も労力も惜しまず築き上げた「万里《ばんり》の長城」などはその証しといえます。

一九四九年、新中国が成立し周恩来《しゅうおんらい》総理は、いち早く「平和共存五原則」を提唱しました。

後の胡錦濤《こきんとう》主席は二〇〇〇年初頭に「平和的台頭」、さらに一一年には中国の未来の国家方針として「中国の平和的発展」を発表しました。一貫して、平和、共存、発展を国是として位置づけています。

中国は経済発展によって国力が増大しても、国際秩序を守り、大国としての責任を持って国際的な諸問題解決に努め、自国の発展は世界の利益につながり発展途上国にとっては発展モデルにもなると主張しています。「中国の平和的発展」は、中国伝統の理念である「和して同ぜず」「天人合一」「和を以《もっ》て貴《とうと》しとなす」を尊び、平和を愛する必然的な選択、世界に貢献できる内容を網羅《もうら》した、国の行動規範書のようなものです。

この「中国の平和的発展」の思想は池田大作先生（創価学会名誉会長）の「六八年池田提言」に啓発されたものと思われます。「中国は侵略的ではない」と明言した池田先生の言葉は中国人を鼓舞《こぶ》するものであり、中国の国づくりの政策立案において参考にされたと判断できます。『参考消息』に見られた「池田提言」はその証しです。「六八年池田提言」の真の意義はやはり平和共存にあり、「中国の平和的発展」と精神は一致しています。

現在、中国はまさに国を挙げて、和諧《わかい》社会づくりに邁進《まいしん》しているところで、日本の国民の皆さんにもその本意を理解していただければ関係改善のヒントになるのではないかと思われます。

長い歳月で結んだ絆

人類の平和と共生を提唱し、真の日中関係構築に貢献し続けている池田先生は、「二〇三〇年へ平和と共生の大潮流」と題して記念提言を発表し、緊張が続く日本と中国の関係改善と未来の展望について語られています（二〇一三年一月二十六、二十七日付『聖教新聞』）。

まず「（日中国交正常化）四十周年の意義をとどめる行事や交流計画の中止と延期が相次いだほか、経済の面でも関係は大きく冷え込みました。しかし私は、日中関係の未来を決して悲観しておりません」と確信に満ちた発言をされています。

そして「なぜなら日中の友好は、国交正常化の前から、『涓滴岩《けんてきいわ》を穿《うが》つ』の譬《たと》えの如《ごと》く、心ある先人たちが一滴また一滴と、両国の間に立ちはだかる頑強な岩盤を穿ちながら切り開いてきたものであり、今日まで長い歳月を通じて堅実に積み重ねられてきた友好交流の絆《きずな》の重みがあるからです」と続きます。私はこれに強い感銘を覚えました。

さらに一番大事なことは「日中平和友好条約で誓約した『武力または武力による威嚇《いかく》に訴えない』『覇権を求めない』との二点を、どんな局面でも守り抜くこと」であると強調し、この二つの誓約の堅持を再確認した上で「日中首脳会談」の定期開催、日中青年たちが力を合わせて人類の未来のために貢献する「東アジア環境協力機構」の設立を呼びかけています。

同論文は『Japan Times』にも「中国と日本―不可欠で重要な絆」と題

して発表され、各方面から反響がありました。日中関係の難局を打開する方途を見いだす新しい提言となり、日中両国の良識のある国民だけでなく、全世界から注目を集めたのです。

二〇一三年の四月には創価学会訪中団一行が上海《シャンハイ》にある復旦《ふくたん》大学を訪問し、楊玉良学長と会見の場を設けました。訪中団の団長の池田博正創価学会副理事長は「若き世代の強靭《きょうじん》な意志力で、両国友誼《ゆうぎ》の確かな潮流を」と題して講演を行いました。また、民主音楽協会と上海文広演芸集団の文化交流協定書調印式が上海市内で行われました。関係が緊張しているときこそ、民間交流を深めていくという「以民促官《いみんそくかん》」をまさに率先して実践していることを物語っています。

池田先生の日中関係改善の呼びかけについて、中国外交部の華春瑩《かしゅんえい》報道官は定例記者会見で「池田大作先生と創価学会は中日関係の立て直しと発展のために長年積極的な貢献をしてきた。中日関係改善への池田先生の積極的な呼びかけは、中日関係の大局の維持を主張する日本国内の声の反映だ。

中日関係が歴史と現実を直視した上で困難を克服し、妨害を排除し、健全で安定した発展を遂《と》げるよう促すことは、中日両国および両国人民の根本的利益に合致する。われわれは日本各界の有識者と共に、このために努力していきたい」と語ったのです。

中国政府および一般の中国国民は池田先生の日中関係の発展に捧《ささ》げた功績を高く評価しているのです。

不戦の誓い「再び干戈《かんか》を交えず」

四十年前の誓い忘れるな

二〇一二年九月二十九日、日本と中国は国交正常化四十周年を迎えました。先賢たちが苦労を厭《いと》わず万難を乗り越え尽力してきた、孔子曰《いわ》く「四十而不惑（四十にして惑わず）」の関係が確立しているはずでした。

しかし、尖閣《せんかく》諸島の日本国有化により、両国関係は砂上の楼閣のごとく脆《もろ》くも崩れてしまいました。日中間で予定されていた記念式典や記念行事は中止や延期を余儀なくされ、日中友好を推進してきた人たちは無念の涙をのみました。

一日も早く健全で安定した関係に戻ることを願う人がどれほどいることでしょう。しかし、ぎくしゃくし始めた関係改善の兆しはまだ見えてきません。四十年前に官民一体で力を合わせて「再び干戈《かんか》を交《まじ》えず」と確約した原点に立ち戻り、いま一度胸襟《きょうきん》を開いて信頼関係を取り戻さなければなりません。緊張状態が続けば続くほど、両国ともに取り返しのつかない深い傷を負うことになるでしょう。

民間で日中交流を正常化

民間レベルにおいては、喜ばしいニュースが新聞紙上にもぽつりぽつりと出はじめてきました。中国人民大学で「二〇一三年笹川杯全国大学日本語言語文化知識大会」（主催・日本科学協会）が行われました。

中国の大学で日本語を学ぶ中国人大学生に日本への理解を深めてもらおう

と、二〇〇四年から毎年開催されてきたクイズ大会で、もともとは「日本知識大会」という名称でした。

それが、尖閣諸島問題が起きたことで、予定されていた大会が延期に追い込まれ、大会関係者はいかにして再開できるかと頭を悩ませていました。

結果的に、名称を「日本語言語文化知識大会」と変更し、横断幕の掲示を自粛するなどの条件を踏まえたうえでの開催が実現しました。多少ぎこちなさは残っているものの、開催を喜ぶ声が多く聞かれました。

実現にこぎ着けられたのは、中国人民大学日本語学科の同窓会「桜花社《おうかしゃ》」の力によるものでした。中国の大学で日本語を専攻として勉強している学生六十八万人の切なる声によるものでもあります。これこそ、民間の力です。

日中平和友好条約締結三十五周年にあたって、日中平和友好条約締結三十五周年ならびに日中友好都市交流四十周年記念シンポジウム（主催・中国人民対外友好協会、中日友好協会）が北京で開かれ、両国の民間・政府の要人、中国の各省・市の外事弁公室や友好協会の責任者、日本の自治体の駐中国事務所の代表ら百人近くが出席しました。

これまでの友好都市交流で築き上げてきた両国民の相互理解と日中関係の維持における役割を着実に前進させるなど、確認し合いました。この四十年間で、日中間の友好都市は二百五十一組にも達しました。これは中国にとって世界最多です。

この大いなる民の力で、官の動きを促し、関係改善を進めていきましょう。

中国の親日派

日中間の交流は二千年以上遡《さかのぼ》ることができます。文化的にも相互に影響し合ってきた関係を生かして、「一衣帯水《いちいたいすい》」の距離である以上、善隣《ぜんりん》友好関係を保たなければ、互いに安心して精魂込めた国づくりができない状態となるのです。歴史的に見て、日中両国が肩を並べた時期は皆無です。

古代は中国がリードしており、隋・唐の時代、日本は遣隋《けんずい》・遣唐《けんとう》使、留学僧・留学生を派遣して中国文化を学ぶことによって日本文化を豊かにしてきました。近代になると、日本はいち早く近代化の国づくりを成し遂げ、中国を抜いて先進国の仲間入りを果たしました。

とくにこの百年、魯迅《ろじん》をはじめ、多くの中国人留学生が日本にやってきて、日本の文化、産業、技術を学んで帰国し、中国の国づくりに貢献してきました。孫中山《そんちゅうざん》、周恩来《しゅうおんらい》などの政治家は、日本のおかげで一時的な難を乗り越えて立派な政治家になったことは否定できない歴史事実となっています。

国交が正常化して以来、中国では日本留学がブームになり、多くの中国人留学生が日本の先進的な技術などをマスターし、中国の発展に捧《ささ》げてきました。現在の程永華《ていえいか》駐日中国大使はいち早く中国人留学生を受け入れた創価大学に留学した一人です。

高度成長してきた中国経済には日本の恩恵が多大に含まれているのです。先述したBBC調査で「日本は世界に良い影響を与えている」と答えた中国人は一七パーセントですが、人口十三億人の一七パーセントは二億二千万人、つまり日本総人口を圧倒的に上回る親日派が中国に存在することを認識しなければなりません。

状況が厳しければ厳しいほど、胸襟《きょうきん》を開いて話し合うことが大切であり、日中両国の政治家は英知を結集し、対話によって新たな局面を切り開いていくべきです。

「政冷経涼」の情勢下で

日本国債保有額は二十兆円に

中国は近年、目を見張る経済発展を遂《と》げました。この大躍進ぶりは世界の人々にさまざまな思いを与えました。歓迎・支持の声と手厳しい批判の声とが入り交じるなかで、日本のメディアでは批判的な意見が圧倒的に多いように思います。

中国に行ったことのない日本人は、中国の発展ぶりは常日頃読んでいる新聞や雑誌、テレビから知るのがほとんどでしょう。そこには「中国脅威論」

「中国崩壊論」の論調が大きくクローズアップされているため、多くの日本人は中国と中国人を感情的なフィルターを通して見ているような気がしてなりません。

日本のマスメディアは「中国を悪く書けば売れる」という市場のニーズを作り上げました。書店の中国コーナーへ行けば、目に映る書物のほとんどが反中・嫌中の類いのものです。


経済関係のニュースは比較的真実を伝えられることが多いと思われますが、要点だけを簡略に報道している感は否めません。たとえば、国のGDP（国内総生産）が日本を抜き世界第二位となったときの報道でも、負の要素である貧富の格差がとりわけ強調され、その躍進ぶりはさておきという論調に何ともやりきれない気持ちになりました。

残念ながら、これでは正しい中国・中国人観を摑《つか》めません。そこで、あらためて中国経済の実情と、日本との関係性の一端を見てみたいと思います。

二〇一三年四月十一日の中国人民銀行（中央銀行）の発表によると、三月末の中国外貨準備高は三兆四千四百億ドル（約三百四十三兆円）で過去最高、世界最大となり、日本の外貨準備の二・七倍、一二年のドイツのＧＤＰに匹敵する規模となりました。

また、日本銀行によれば、同年末までに中国は日本国債の保有額を十八兆円から二十兆円に増やし、一一年末時点と比べ、一四パーセント増としました。中国は日本国債の最大の海外保有国となっています。

一方、アメリカは日本国債の保有額を十兆円から一五パーセント減の八兆六千億円に、イギリスも十一兆円から二三パーセント減の八兆九千億円に減らしています。安全な資産とされてきた日本国債の需要が減るなか、中国はいまでも「日本国債は安全な資産」と判断し、一四パーセントも増やして保有しているのです。

日本への貿易依存度

八〇年代から日中の経済協力は進み、いまでは日本経済の中国市場に対する依存度が、中国の日本に対するそれよりも圧倒的に強くなっています。日系中国現地企業はまず生産拠点としてスタートし、研究・開発・生産・販売の好循環を生み出し競合他社の追随を許さないほどの発展を遂げた例が多く見られます。

これらの企業は日中貿易の大黒柱となり、「政冷経涼《せいれいけいりょう》」の政治情勢の下でも中国から撤退していません。

企業の対中投資に拍車を掛けるかのように投資額も増えています。

中国商務省の発表によると、一三年一〜六月期の海外からの直接投資実行額は前年同期比四・九パーセント増の六百十九億八千四百万ドル（約六兆千七百九十二億円）です。このうち日本からの投資は前年同期比一四・四パーセント増の四十六億八千七百万ドルで、二桁の伸びを維持しています。

一方、同期に中国から海外百四十四カ国（二千九百十二社）への直接投資額は同二九パーセント増の四百五十六億ドル（約六兆八千二百一億円）と拡大しました。

国別に見るとアメリカ、オーストラリアへの投資額が大幅に増加したなか、日本への投資は同九・一パーセント減と前年水準を下回りました。

ちなみに日本への投資は四七・八パーセントと大きいものでした。日中経済の緊密度がうかがえますが、日中関係が一層冷え込んでいけば、減少していく可能性は否定できません。

一九七二年の日中国交正常化、七四年の日中貿易協定締結を経て、日中貿易は本格的なスタートを切りました。日本財務省統計によると、七二年の輸出入額十一億ドルから、日中平和友好条約を締結した七八年には五十億ドル、さらに八一年には百四億ドルと初めて百億ドルの大台に乗った後、うなぎ上りに推移し、九一年には二百二十億ドル、二〇〇一年には八百九十二億ドル、一一年には最高の三千四百五十億ドルを突破しました。

二〇〇四年に日中輸出入額が日米輸出入額を上回って以来、毎年、両者の差は拡大し、一一年には日本の対世界貿易におけるシェアで中国は二三・三パーセントとなり、アメリカの一一パーセントを大きく凌駕《りょうが》しています。

中国は日本にとって最大の貿易相手国の座を維持し続けているのです。その一方、対日貿易額は、ＥＵ（欧州連合）、アメリカに抜かれて三位に転落し、中国の貿易相手国としての日本の地位は低下しているのが現実です。

「世界の工場」から「世界の市場」へ

一九七〇年代から世界各国の企業が中国を生産拠点にし始めたため、中国は「世界の工場」と言われるようになりました。改革開放が進むにつれ、「世界の工場」から「世界の市場」へと変貌《へんぼう》し、現在はほぼすべての業種に外資企業が参入するのを認めています。

近年、流通業、商業、飲食業などを展開する外資企業が多数現れており、日本もイオンなどが急ピッチで中国に事業展開を進めています。尖閣《せんかく》問題で一部の店舗が襲われる事件がありましたが、その後、中国法に従い日系企業に損害を与えた犯罪者を次々に逮捕し公判を行っています。すでに安定した事業環境を取り戻し、新規事業も円滑に運んでいます。

習近平《しゅうきんぺい》政権発足後、内需中心型経済、農村の都市化政策を掲げて一層の内需拡大が推進されています。計画によると、二〇二五年までに都市部の人口数は全人口の六六パーセント、中国の都市部経済成長率の対GDP比は現状の七五パーセントから九五パーセントとなる見通しで、二〇年まで中国一人あたりGDPは二〇〇〇年比四倍増とする目標を掲げています。

北京《ペキン》、上海《シャンハイ》、深圳《しんせん》、天津《てんしん》など八都市の人口数は千万人以上に達し、五百万人以上の都市は二十三都市、百万人以上の都市は二百二十一都市になる巨大な国家プロジェクトです。

この計画を実現するには日本の協力も欠かせません。中国人は領土係争中でも根強い日本ブランド志向を持ち、若者の間で「オタク」や「カワイイ」

が流行し、日本のテレビアニメや漫画が愛され、日本のファッションを好んで取り入れることは日常茶飯事《さはんじ》です。とくに大学生がインターネットなどの手段を通して日本文化の最新情報をキャッチし続け、伝播《でんぱ》しています。

その要請に合わせて、数年前に北京の民間雑誌『知日』が刊行され、好評を博しています。若手中国人漫画家がこのほど、日中両国で漫画単行本を同時発売したというニュースもありました。

中国での新たな事業展開として、ポップカルチャーの力で日本文化を愛する中国の若者をフォローし、千載一遇《せんざいいちぐう》のビジネスチャンスを果敢につかみとり、躊躇《ちゅうちょ》せずに推進していけば成功につながるに違いありません。

第二章　人的つながり——温故知新

中国の海洋進出と日本

鄭和が新大陸を発見

海洋進出は中国の夢でした。明《みん》の皇帝永楽帝《えいらくてい》は積極的に外交策をとり、自らモンゴルへ五回も遠征、鄭和《ていわ》に大艦隊を率《ひき》いさせ東南アジアからアフリカ東海岸のケニアまで航海させました。歴史上いちばん早く海を意識し、航海を敢行したのが永楽帝でした。

鄭和は明代の武将で、中国史上最も傑出した航海家です。永楽帝に宦官《かんがん》として仕え、軍功もあげて重用されました。一四〇五年（永楽三年）から一四三三年（宣徳《せんとく》八年）に至るまでに、相前後して七度の遠洋航海の指揮を委《ゆだ》ねられました。

『明史』によると、鄭和の航海は「下西洋（西洋下り）」と呼ばれていました。指揮船「宝船」は永楽帝の航海命令を受けてから二年の歳月を費やして造られた、全長百三十七メートル、幅五十六メートルもある巨艦でした。第一回航海は一四〇五年七月十一日。六十二隻、総乗組員三万人余りの船団で蘇州から出発し、泉州を経由して、ベトナム南部、スマトラ、パレンバン、マラッカ、セイロンと回り、一四〇七年初めにカリカットへ到達しました。

その航跡はアジア、アフリカ三十数カ国にわたっています。航海の一番の目的はこれまで明と交流が無かった諸国と親交を深めることで、その結果、東南アジア諸国やアフリカの国々は続々と明朝にやって来て、文化交流や交易をするようになりました。

また、各国の国王や使節団を招いて華やかな外交が繰り広げられ、永楽帝時代の明は政治・文化・交易の華が開き、大繁栄し、平和的な海洋進出の幕開けを飾りました。

永楽帝時代は教育レベルが高く、造船技術、航海技術、天文観察技術などに優れ、かつ積極的に世界と交流し平和的な交易を促進していました。イギリスの退役海軍将校で歴史学者でもあるギャヴィン・メンジーズ著『１４２１　中国が新大陸を発見した年』（ソニー・マガジンズ刊）によると、鄭和の新大陸発見はコロンブスよりも七十年ほど早かったのです。この史上空前の壮挙は、あまり知られていませんでしたが、メンジーズの著書の出版により世界的な定説になりました。

鄭和の最後の出航は一四三一年、すでに六十歳の高齢でした。二年後に帰国して間もなくこの世を去ります。まさに、海を通して世界平和に身を捧《ささ》げた一生となりました。

遅れた造船・航海技術

永楽帝から宣徳帝《せんとくてい》に代わり、鎖国政策に転じました。清《しん》代に入ると鎖国令を敷いて海洋に出ることを禁止しました。明代に築き上げた最新鋭の造船・航海技術の開発、そして開国政策は終止符を打たれ、清の末期、船隊は皆無の状態にまで陥《おちい》りました。

これが中国の先行きを大きく左右することになり、一八四〇年には第一回アヘン戦争が起き、一九四九年の新中国創立までの百年あまり、列強の中国侵略が相次ぎました。

中国全土の港への大小規模の侵略上陸は四百七十九回にも上りました。諸列強への対抗上、近代海軍の創設に力を入れなければならず、ドイツで建造された、アジア最強の戦艦「定遠《ていえん》」および「鎮遠《ちんえん》」を所有し、一八八五年に就役しました。

しかし、軍費を西太后《せいたいごう》の好きな頤和園《いわえん》修復に流用し、最新鋭艦の操縦訓練を怠って日清戦争で日本軍の砲撃を受け、「定遠」は自沈、「鎮遠」は日本海軍に鹵獲《ろかく》（軍事的に奪われること）されました。

ちなみに、同戦争後、引き揚げられた「定遠」の艦材を使った記念館「定遠館」が福岡県太宰府《だざいふ》市の太宰府天満宮に建造されました。

清朝崩壊後の中国は、内乱が続き、海洋進出どころではありませんでした。明代の海洋国家から大陸国家になってしまい、自国民でさえ九百六十万平方キロの国土面積のほかに、三百万平方キロの海域面積、一万八千キロほどの海岸線を有することを自覚していませんでした。

漁業の面においても、沿海、近海に限って漁に出ています。造船技術や航海技術、漁の方法などで日本に大きく遅れをとっていたのは確かです。

一九四九年の中華人民共和国建国と同時に、中国海軍が建軍されましたが、これは防衛のためのものでした。海底石油、ガス、天然資源などの探索《たんさく》に余念がなく、一九六四年に国家海洋局を設立するも、間もなく文化大革命に突入して海洋進出のいとまはありませんでした。一九七六年に文化大革命が終結し改革開放政策が実施されてからは中央政府も海洋進出に対する関心を強め、国民の意識も向上しました。

一九八九年の全国人民代表大会の政府報告書にも挙げ、さらに江沢民《こうたくみん》総書記は一九九二年の共産党第十四回代表大会で「領海の主権と海洋権益の防衛」を報告。以来、本格的に海洋進出に動き出しました。

中国の海洋進出の目的は、エネルギーの確保、シーレーン（輸送海路）の保障、防衛のためだと訴えています。中国は海上国境線確定について、国連海洋法条約と大陸棚条約を採用しています。しかし、長年海洋進出に手が回らなかったために海上国境線の確定にあやふやなところがあるのは事実であり、それによって近隣諸国から異議申し立てされるなどの事件が頻出《ひんしゅつ》しています。

なかでも日中両国の海上国境線確定の認識の違いは、大陸棚に対する見解の相違に原因があると考えられます。今後時間をかけて真の対話を重ね、互いに譲歩して合意に至る道を探っていかなければなりません。

和諧海洋の建設に向けて

中国はアヘン戦争から百年あまりの歴史については、「屈辱《くつじょく》の歴史」「負の教訓」と強く認識しています。今年三月に開催された第十二期全国人民代表大会第一回会議で、温家宝《おんかほう》総理は「政府活動報告」の中で海洋進出と海洋権益について、「海洋の総合的管理を強化し、海洋経済を発展させ、海洋資源開発能力を高め、海洋生態環境を保護し、海洋権益を守る」と熱弁をふるいました。

海洋強国の建設を旗印にし、海洋進出や海洋権益を求めるスピードを加速させ、今まで統一されていなかった海上管理を「中国海警局」に一本化することで法統治に徹していく方向性が示されました。

中国は昔から平和を愛し、紛争や戦いを好みません。世界に名を知られている万里《ばんり》の長城のおかげで陸上からの侵略は少なくてすみました。しかし海上からの侵略は多く、中国人にとってこの「屈辱の歴史」「負の教訓」はいまだ胸にあり、これからの国家安全保障は〝海から守る〟という思いを強くしています。

中国の歴代の指導者は「平和共存五原則を堅持することを基礎として、すべての国と友好協力関係を発展させる。近隣国と友好関係を深め、パートナーシップを構築する周辺外交方針を引き続き貫徹して、周辺国との善隣《ぜんりん》友好、実務協力を強化して、域内協力を積極的に展開する」という外交政策、そして、軍備増強は自国防衛のためであり近隣諸国に脅威を与えるものではないという公約を表明しています。

この公約を、ぜひとも世界各国に信じてほしいものです。そのためにも、中国はさらなる努力が必要です。

未来志向の日中韓関係

古代の日中韓交流

日中韓の交流は紀元前三世紀ごろから始まります。弥生時代、稲作栽培技術が中国大陸から直接、または朝鮮半島を経由して伝来しました。以降、中国大陸の青銅器、鉄器も伝わり、鉄器は実用に用いられ、農具や工具が木製・石製から鉄製へと変わりました。

青銅器は主に実力者の権威を表すもの、祭器や装身具として使われました。大陸の生活道具、生活習慣、文化などは朝鮮半島を中継点として、日本に流入してきました。とくに水稲《すいとう》農耕技術の受容にともなう水田や畑の開墾や耕起、収穫に用いられる道具類が新たに導入されたことにより、生活レベルは飛躍的に向上し、文明社会へと変化発展してきたことは揺るぎない事実です。

また、大陸からの一方通行的な流入にとどまらず、三足鼎立《さんそくていりつ》、平起平坐《へいきへいざ》の交流形式が長らく続きました。日本は隋《ずい》・唐《とう》の時代に遣隋使や遣唐使を派遣していたことがよく知られていますが、新羅《しらぎ》が朝鮮半島を統一した七〜九世紀には日本から遣新羅使、新羅から新羅使を交換し合ったことはあまり知られていません。

日本仏教の母山《ぼざん》である比叡山《ひえいざん》に天台宗を開いたのは最澄《さいちょう》（七六七〜八二二年）です。実は最澄は桓武《かんむ》天皇より入唐求法《にっとうぐほう》の還学生《げんがくしょう》に選ばれ、唐に留学して帰ってきた僧侶でした。

最澄の教えを広め、天台宗発展の礎を築いたのは他ならぬ円仁《えんにん》（七九四〜

八六四年）です。円仁は九年半にわたる入唐求法の生活を終えて、第三代天台座主につき、没後大師号である「慈覚《じかく》大師」を贈られた人物でもあります。円仁をはじめとする入唐僧が九世紀前半に唐・新羅・日本の海上交易路を支配した新羅商人である張保皐《ちょうほこう》（七九〇〜八四六年）清海鎮《せいかいちん》大使のネットワークの支援を受けたことは、円仁の『入唐求法巡《じゅん》礼《れい》行記』に記載されています。

　韓国ＫＢＳテレビは張保皐の一生をテレビドラマ化して二〇〇四〜〇五年に放送し、大ヒットしました。

　二〇〇一年十二月に張保皐の出身地である韓国全《ぜん》羅《ら》南《なん》道《どう》莞《ワン》島《ド》郡により、比叡山延暦寺文殊楼《もんじゅろう》横に「清海鎮大使張保皐碑」が建立されました。碑文には『入唐求法巡礼行記』の張保皐に関する記載が紹介され「二人の築き上げた深い友情が、今後の韓日両国の人々に周知され、両国の友好に寄与することを望みつつ」と刻まれています。

いにしえの日中韓三カ国の友好親善に思いを馳《は》せ、いまも残る円仁と張保皐の美談には脱帽しました。

経済・文化・人的に深い絆

古代から隣国の地縁にある日本と朝鮮半島との間には、伝承を含めた歴史的な関係が深く、生活習慣、経済、文化、宗教的な絆《きずな》は強く結ばれていました。しかし、日本を統一した豊臣秀吉は明の征服を企図し、一五九二年から朝鮮半島に侵攻します。秀吉の死去にともない退きましたが、この侵攻は史上最初の東アジア紛争となり、不幸な戦争の幕開けになりました。

一八九四年には日清戦争が勃発《ぼっぱつ》し、翌年、日本は清と不平等な下関条約を結びます。一九一〇年には日本は韓国と日韓併合《へいごう》条約を締結し朝鮮半島を併合、中国にも侵攻しました。第二次世界大戦で日本が敗北し朝鮮半島統治《とうち》は終止符を打たれ、一九六五年には日韓基本条約、六六年には日韓貿易協定が締結されます。中国は一九七二年に日本と、九二年に韓国と国交を樹立し、経済、文化を中心とした交流の輪を広げていきました。

二〇〇二年のサッカー・ワールドカップは日本と韓国による共同開催で両国の協力関係が一層親密になり、信頼関係が深まりました。政治、経済、社会、文化の各分野における日韓両国民間交流は飛躍的に拡大し、韓流ブームは底知れない強さを見せています。

韓国国内でも日本大衆文化の流入制限策が撤廃され、マスメディアなどで日本語が使えるようになりました。中国人の韓国に対する関心度も、テレビドラマの放送などを契機にこれまでにないほど高揚しています。

日本政府観光局の統計によると、二〇一二年度訪日韓国人は二百四万人で、初めて二百万の大台を突破。一方、訪韓日本人もいまだうなぎ上りで、韓国観光公社の統計では三百五十一万人に上りました。
また、訪韓中国人は四百万人を超えて、日本を抜いて一位となりました。日中韓の人的な相互訪問は毎年一千万人で推移し、増加傾向にあります。

貿易から見ても、韓国にとって中国は輸出額・輸入額とも一位で、最大の貿易相手国です。日本にとって中国は二〇〇二年からアメリカを抜いて最大の輸入相手国になり、輸出相手国も二〇〇九年にアメリカから中国にトップの座が変わりました。韓国は日本の輸出相手国三位、輸入相手国六位です。名実とも日中韓は切っても切れない貿易パートナーです。

このように日中韓は歴史的にも友好関係が長く、不幸な時期もありましたが、経済、文化、人的な交流は世界のどの地域よりも盛んに行われています。

にもかかわらず、いまの日本と中国、日本と韓国の外交関係がうまくいっていないのは残念です。

日中韓の文化交流を

近年、東アジアとりわけ日中韓の間に大変複雑で緊迫した情勢が続いています。日中間に横たわっている尖閣諸島《せんかく》（釣魚島《ちょうぎょとう》）問題、日韓間にある竹島（独島《トクト》）問題および慰安婦問題等により、政権交代した後も日中韓の三国で首脳同士の会談は行われていません。

安倍晋三総理は「日中関係は日本にとって最も重要な二国間関係のひとつ。粘り強く中国との対話は続けながら、良好な関係に改善をしていく努力をしていきたい」と口にしている一方、「尖閣は日本の固有の領土。この点については交渉の余地はない」とも強調しています。本腰を入れて友好改善に取り組もうとしているようには見えません。

中国側は尖閣諸島について「領有権問題の存在を日本が認めて、棚上げにし、共同開発すること」と主張しています。日中韓が直面している問題ははっきりしています。地政学的手法で中国韓国包囲網を構築するのではなく、歴史と現実を直視し、政治家の叡智《えいち》を結集して英断を下し、関係修復に取り組んでほしいものです。

明るい兆《きざ》しも見え始めています。今年九月末、韓国の光州市で「第五回日中韓文化大臣フォーラム」が開かれました。日中韓に新政権が発足して以降初の閣僚会合となり、関係改善のためにはやはり文化交流が重要だという共通認識を得ることとなりました。

その一つとして、さまざまな交流事業を行う「東アジア文化都市」に横浜市、中国の泉州市、韓国の光州市を指定しました。

文化交流の推進を政治面での関係改善のきっかけとし、古代からの長きにわたる友好関係で築き上げてきた絆《きずな》でもって良好な外交関係を取り戻すことを切望します。

国でなく人として交流を

日本人が住み続ける理由

『在中日本人１０８人のそれでも私たちが中国に住む理由』という本が阪急コミュニケーションズから出版されましたが、この本では、二〇一二年秋の反日デモを中国で目の当《ま》たりにした日本人が「何を見てどう考えたのか」、そしてどんな思いで今も中国で暮らしているのかを、同じく在中の日本人でプロジェクトチームを組んでまとめ上げています。

現在、中国在住の日本人は十四万人を超え、海外に住む日本人の国別ランキングでは二位になります。百八人はその十四万人の代表として、生身の中国人の息づかいに触れている中国在住の邦人実情を語っています。

彼らは政治によってぶれることはなく、公正公平に真実を語っています。これこそ中国の実情を垣間見る絶好の著書です。彼らがなぜ中国に住み続けるのか、一読すれば理解できるでしょう。


彼らは中国の沿岸部から内陸までの十八都市に住み、年齢も経歴もさまざま。ビジネスマン、主婦、自営業、ジャーナリスト、学生、芸術家、写真家、俳優、寿司職人、日本語教師、外交官、中国人と日本人の親を持つ高校生など多種多様なフィールドで民間交流の急先鋒《きゅうせんぽう》に立っています。

在中歴十三年の男性は、反日デモの様子をテレビで見た友人から「大丈夫か？　そんなところにいたら殺されるぞ！」と心配の電話をもらったことを明かし、「私はここではっきり申し上げたいのは、日本に住む日本人が思うほど、中国人は日本を嫌っていないことです」と言い放ちます。

マスコミ勤務の男性は「中国国内の言論は『反日』一辺倒ではなく、多様化している。短絡的に『中国＝反日』と決めつけるとすれば、それは誤りだ」と断言。日本メディアの逸脱した反中報道を批判し「自信のなさの裏返しか、中国を脅威《きょうい》とみなす論調は受け、中国の悪いイメージが過度に増幅されているように感じる」と危惧《きぐ》しています。

たしかに日本のマスコミは反中・嫌中の論調一色で、日本の読者や視聴者に「怖くて憎い中国」という印象を与え続けています。書店に行っても『2014年、中国は崩壊する』『中国はもう終わっている』『中国ビジネスの崩壊』『中国人は日本が怖い！』など中国のイメージを悪くする本が目立つ位置にずらりと並べられ、売れ行きも順調のようです。

互いの国益追求の関係に

日中国交回復から四十数年となり、両国ともに大きく変化を遂《と》げました。そろそろ新しい二国関係を構築しなければならない時期です。国交回復当時はとにもかくにも「友好第一」。それはもちろん今後も柱に据《す》えながら、日本は新たに「GDP世界第二位の経済大国に躍り出た中国」とどう関わっていくか頭を使わなければなりません。

二〇〇二年四月には小泉純一郎総理（当時）と朱鎔基《しゅようき》総理（当時）との間で「日中経済パートナーシップ協議」の設立が合意されました。これが順守され、今日まで大きな経済紛争は起きていません。〇八年五月、胡錦濤《こきんとう》国家主席と福田康夫総理の間で締結した「戦略的互恵関係」では、「〝戦略的互恵関係〟を包括《ほうかつ》的に推進し、また、日中両国の平和共存、世代友好、互恵協力、共同発展という崇高な目標を実現していくことを決意した」と明言しています。

いまだに具体的な動きは見られませんが、互いの国益追求・拡大を目指すことによる関係発展こそ、未来志向の日中関係の原点と言えるでしょう。アメリカや周辺国と仲良くするのは当然のことですが、それが中国包囲網を構築するためである必要はまったくありません。対話を提案する一方で、相手に好ましくない行動を繰り返していては良質な関係が構築できるとは思えません。

中国には「愛屋及烏《あいおくきゅうう》」ということわざがあります。先の在中日本人のように、国ではなく人として交流することによって愛が広がり、ひいては強固な日中友好関係を再構築できると信じています。

落葉帰根から落地生根へ

最も多い中国出身者

日本で暮らしている「外国人住民」は二百三万八千百五十九人おり、日本の総人口の約一・六パーセントを占めています（二〇一二年末）。そのうち、最も人数の多いのが六十五万三千四人に上る中国出身者で、外国人住民全体の約三二パーセントを占めています。

さらに日本国籍を取得した中国出身者は七十万人を超えているといわれています。合わせると、在日中国人・中国系人は百三十五万人に及びます。

これらの中国人には「華僑《かきょう》」「華人《かじん》」「華裔《かえい》」も含まれています。現在、世界百三十カ国で活躍している「華僑」「華人」は約四千万人いるといわれています。そのうち八〇パーセントが東南アジアにいます。

「華僑」とは、中国、台湾、香港《ホンコン》、マカオから外国に居住した中国人で、中国籍を保持したままの者およびその子孫をいい、居住国の国籍を取得した者およびその子孫を「華人」と呼んで区別しています。

さらに、中華民族または漢族を祖先に持つ人たちのことを「華裔」といいます。一九八〇年代以降の改革開放時に海外に移住した中国人は「新華僑」と呼ぶようになりました。

華僑の「僑」はもともと「仮住まいをする」という意味で、「僑民《きょうみん》」ともいいます。これに近い意味の言葉に、「海外同胞」「僑胞《きょうほう》」などがあります。

華僑の歴史は古く、八、九世紀の唐の時代から始まり、十六世紀の大航海時代の訪れとともに活発となった貿易活動により中国商人が多数海外に渡ります。

そして十九世紀にイギリスがマレー半島の錫《すず》鉱山開発に安価な中国人労働力「苦力《クーリー》」を導入したのをきっかけに、北米のゴールドラッシュに沸《わ》く太平洋岸で鉱山労働に、ついで大陸横断鉄道の建設に、さらに中南米のサトウキビプランテーションなどに中国人労働者らが導入され、大量の中国人が流出し後に「華僑」となったのです。

地理的に近い日本には古くから多くの中国人が移住してきており、彼らが商業活動を展開する横浜中華街、神戸南京町《なんきん》中華街、長崎新地中華街は日本三大中華街として知られています。

また「新華僑」の増加により、東京・池袋周辺に代表されるような中国人コミュニティーが日本各地に形成されています。「華僑総会」というネットワークもつくられています。

日本人起業家「和僑」

一方、日本人コミュニティーとして最近注目されているのが「和僑《わきょう》」です。香港《ホンコン》・中国本土などを拠点に世界で活躍する日本人企業家のことで、「華僑」をもじって名付けられました。彼らが集う「和僑会」は二〇〇五年に香港に発足。海外で起業する日本人へのビジネスマッチングをサポートする組織として、定期的に講演会や勉強会、企業相談、経営相談などを行っています。

当初七人で発足した組織ですが、世界各地でそれぞれの「和僑会」が結成され、二〇一三年には一千人を超える会員を有する団体に成長しました。会員の多くは二十代、三十代の若い男女企業家で、海外で起業するという日本国内の何倍ものプレッシャーに立ち向かっている、タフな精神力を持つ日本人です。現在は香港、北京《ペキン》、上海《シャンハイ》、深圳《しんせん》、広州《こうしゅう》、タイ、モンゴルなどのほか日本国内にも東京、大阪、沖縄などで「和僑会」が結成されています。

各地の「和僑」が集う「和僑世界大会」は六年前に香港で第一回が開催され、以降年一回各国持ち回りで開かれています。参加者は第四回シンガポール大会では二百五十人だったのが、タイ・バンコクでの第五回大会には一千人を超えました。

わずか一年で四倍に増えるという盛況ぶりに目を見張ります。これから海外創業を目指す個人や小さな企業も「和僑会」のビジネスマッチング支援を活用し、新たな「和僑」となって活躍していくでしょう。

「内向き志向」といわれる現代の日本の若者たちも、世界で活躍する「和僑」の姿に刺激を受け興味も夢も外へと広がっていくかもしれません。停滞が続く日本経済において、「和僑」がイノベーションを起こしてくれるのではないかと期待も高まります。

「華僑」と「和僑」に注目

昔、中国で「華僑」は「国を捨てた人」、あるいは「国に捨てられた人」と誤解されていました。しかし、実際はそうではありません。国を背負って未知の海外に根を下ろし、裸一貫で身代《しんだい》を築き上げてきました。

現地の日本人とは違った、「華僑」ならではの商業活動にいそしみ、成功をつかんだ人が大勢います。その主な職業は料理人、仕立屋、理容師でした。

それぞれ刃物を使用する職人で、中国語で「三把刀《さんばとう》」と称されます。

「華僑」の成功から、職人の技を一つ持っていればどこへ行っても生計を立てることができるという教えとなっています。さらに「華僑」たちは中国商品の輸入、日本商品の中国への輸出を通して巨額の財を築き、祖国に錦《にしき》を飾りました。もちろん現地の経済にも貢献しています。

たとえばタイやマレーシア、インドネシア、フィリピンなどの「華僑」は各地に根付いた経済活動を繰り広げ、各国の経済規模に占める華僑経済の割合は二〇～三〇パーセントに達しています。経済だけでなく、文化的にもその貢献度は高いです。異文化を理解し、両国の橋渡し役を担っています。

日本においても多くの「華僑」「華人」が経済や文化芸能方面で活躍しています。「長崎ちゃんぽん」の開発者で、長崎市に現存する中華料理店「四《し》海楼《かいろう》」の初代店主・陳平順《ちんへいじゅん》氏は福建省福州市出身の「華僑」で、「ちゃんぽん」という言葉は、「摻拌《チャンパン》」という福州語から来たものです。

一九七七年に初めて国民栄誉賞を受賞し、二〇一〇年には文化功労者として顕彰された世界のホームラン王・王貞治《おうさだはる》氏も「華僑」です。

「華人」には、中国四川省成都市の市民食である「麻辣《マーボー》豆腐」を日本で受け入れられるようにアレンジしたうえで店舗およびテレビの料理番組を通じて広めた四川省宜賓《ぎひん》市出身の料理人・陳建民《ちんけんみん》氏、世界初のカップ麺《めん》「カップヌードル」の開発に成功した台湾出身の日清食品創業者・安藤百福《ももふく》氏、全盛期には日本囲碁《いご》界の第一人者として君臨した福建省出身の囲碁棋士・呉清源《ごせいげん》氏、台湾出身の小説家・陳舜臣《ちんしゅんしん》氏らがいます。

近年の「華僑」は現地の文化や習俗を受け入れ、そのまま異国に住み続ける人が多くなりました。いわゆる「落葉帰根《らくようきこん》」から「落地生根《らくちせいこん》」に変わりつつあります。中国ないし中国圏で活躍している「和僑」も、現地の中国人と朝から晩まで一緒にいることで異なる考え方や価値観に触れ、大陸中国の多様性文化への理解を深めていきます。

商売を通し、あるいは商売をきっかけにして広がる民間交流。日中両国の新しい関係の先陣を切るのはまさに「華僑」そして「和僑」ではないでしょうか。

第三章　日中友好に尽力した人びと

六八年「池田提言」と私

中国が目指す平和的発展

私は三十年前に日本に来ました。すでに人生の半分は日本で過ごしており、日本も祖国の中国も同じように大好きです。日中両国の関係が悪くなったことへの心情は非常に複雑です。一衣帯水《いちいたいすい》の隣国なのに、どうして仲良くならないのか、いつも頭を悩ましています。日本と中国は二千有余年にわたる友好交流の歴史があり、お互いに理解を深めて、「求同存異《きゅうどうそんい》」という考え方を持てば、難しい局面を打破することは可能だと私は確信しています。

ここでは、長きにわたり影響し合ってきた両国の真の姿をひもといていきたいと思います。歴史的観点から両国の関係性を知ることも日中両国の相互理解を深める一助となることでしょう。

中華人民共和国は一九四九年十月一日の建国以来、国際関係を重要視してきました。五三年十二月三十一日、周恩来《しゅうおんらい》総理は中国とインド両国が、中国チベット地方の国境問題について協議した際、①相互間の主権の尊重と領土の保全　②相互間の不可侵　③相互間の内政不干渉　④相互間の平等互恵　⑤相互間の平和共存――という「平和共存五原則」を初めて発表しました。のちにこの「平和共存五原則」は中国外交の基本的な指針として継承されています。

中国国内の困難を引き起こした文化大革命（六六～七六年）を経て、七八年から改革開放の国策に転換し、さらに平和の意識を重んじるようになりました。経済の急速な発展を遂《と》げ、中国の国際社会における役割・発言権の向上により、海外で中国脅威論が高まり、チャイナ・バッシングが台頭した二〇〇〇年代初頭、胡錦濤《こきんとう》政権は国際社会に対して、中国の役割と姿勢を示した政治的な思想として「平和的台頭」論を公表しました。

この「平和的台頭」論が最初に発表されたのは〇三年十一月のボアオ・アジア・フォーラムです。同年十二月十日には温家宝《おんかほう》総理がハーバード大学で紹介。同月二十六日には胡錦濤主席が毛沢東《もうたくとう》生誕百十周年の記念座談会で披露し、大きな反響を呼びました。

「平和的台頭」論をもって、中国は安定的な国際秩序のもとで経済を発展させ、国が豊かになってからも、国際秩序の脅威にはならないことを国際社会に向けて約束したのです。

「平和的台頭」論構想をさらに充実したものとして、一一年には『中国の平和的発展』が白書として発表されました。白書は、①中国の平和的発展の道の開拓　②中国の平和的発展の全体的な目標　③中国の平和的発展の対外方針と政策　④中国の平和的発展は歴史の必然的選択　⑤世界にとっての中国の平和的発展の意義――の五項目から構成されています。

白書の冒頭で「中国は終始変わらず平和的発展の道を歩んでおり、自国の平和的発展を確実に実践すると同時に、世界の平和を保つことに力を注ぎ、各国とともに発展し繁栄することを積極的に促進している」と述べ、平和的発展の道を歩むことは、中国政府の揺るぎない国家的意思であり、戦略的選択でもあると強調しています。中国は平和的発展と繁栄を求め、たくましく実践を続けている国としての姿勢がうかがえます。

日中関係改善策としての「池田提言」

つぎに日中国交正常化を促進した池田大作先生（創価学会名誉会長）の「日中国交正常化への提言」を見てみたいと思います。私が「日中国交正常化への提言」を知ったのは、七六年、廈門《アモイ》大学の学生時代でした。七六年という年は特異な一年でした。

一月には敬愛する周恩来《しゅうおんらい》総理が、そして七月には朱徳《しゅとく》氏が逝去しました。同じく七月、河北省唐山市で強い地震が発生し十万人ともいわれる死傷者が出ました。九月には毛沢東主席が北京で逝去しました。

十月には「四人組」を一挙に打倒し、十年におよぶ内乱「文化大革命」に終止符が打たれました。

そして、七六年は新しい幕開けのときを迎えた年でもあります。この年、中国は改めて日中関係を重視し、「六八年池田提言」を再度取り上げ、良好な日中関係は改革開放に不可欠な課題となりました。私は日中国交正常化のきっかけをつくられた池田先生の偉大さを実感したものです。

ここでいう「六八年池田提言」とは、池田先生の六八年九月八日のスピーチと同年十二月『月刊アジア』誌上で発表された「日中国交正常化への提言」のことを指します。

このなかで池田先生は、①中国問題こそ世界平和実現の鍵、②中国を国際的討議の場へ、③毛沢東主義はむしろ民族主義、④早急に日中首脳会談を、⑤世界民族主義の理念実現へ、⑥中国の国連参加への力強い努力を、⑦日中貿易拡大への構想、⑧吉田書簡は破棄すべし、⑨アジアの繁栄と世界平和のために——の九項目に言及されました。

このスピーチを基本的な構想として、同年十二月にはさらに緻密《ちみつ》な「日中国交正常化への提言」を『月刊アジア』で公表されました。

その内容は具体的で先見の明があります。十一項目からなる〝英知〟は次の通りです。

すなわち、①中道主義の高い見地から、②アジアの未来を決定、③中国の弱さと強さ、④中国は侵略的ではない、⑤毛沢東主義をどう評価するか、⑥敵視政策を改めて、⑦緊張緩和の鍵を握る日本、⑧抜き難い米中の相互不信、⑨まず中国政府の承認を、⑩演繹《えんえき》的手法こそ解決の直道《じきどう》、⑪若い世代の活躍に期待——と明快な論理で当時の日中関係を細かく分析されました。

この「日中国交正常化への提言」は、今日のぎくしゃくした日中関係の改善にも大いに参考になります。今の日中関係を打破するためにも、特に⑥の「敵視政策を改めて」と、⑦の「緊張緩和の鍵を握る日本」を活用すれば、前途が明るくなります。

文化大革命の最中、当時の反中・親台の勢力が主流を占めていた日本国内の事情を見ても、勇気ある行動です。池田先生は、有言実行者でもあります。この二十の項目の中で、ご本人が実行に移すことができるものは、率先して実施してこられました。民主音楽協会や東京富士美術館による文化交流や創価大学への多くの中国人留学生の招聘《しょうへい》などはその行動の一つです。

六八年「池田提言」が発表されて以降、多くの課題は実現し、日中交流に花を咲かせたことは明白な事実なのです。

上海の内山書店

中国における内山完造

戦前から日中友好関係の構築に生涯を捧《ささ》げた日本人がいました。魯迅《ろじん》の親友であり、保護者であったと言われている内山完造《うちやまかんぞう》です。

内山は一般ではあまり知られていない人物かもしれませんが、日中関係者および日中の教育、研究者は熟知しています。内山が戦前上海《シャンハイ》で開いた内山書店は、現在東京でも、同じ屋号で日中関係書物の出版・販売をしています。

一八八五年一月十一日に岡山県後月《しつき》郡芳井村（現井原市）に生まれた内山は十二歳のとき故郷を離れ、丁稚《でっち》奉公で二十七歳まで大阪の商家で働き、一九一三年に目薬会社の海外営業マンとして上海へ渡航し、中国生活の第一歩を踏み出しました。上海だけでなく、あまねく中国を回って庶民と接し、中国人の親友も多数つくりました。

一九一六年、三十一歳のときに井上美喜と結婚したのをきっかけに上海市旧日本人租界《そかい》地の北四川路に新居を構えます。しかし内山は留守がちだったため、翌年美喜は内職として自宅玄関先を利用して百冊程度のキリスト教関係書物を扱う小さな本屋、内山書店を開業します。

その後、分野を問わずあらゆる書物を販売するようになり、経営状況は日増しに盛況を呈していきます。次第に内山自身が書店経営に興味を持ち始め、一九三〇年には目薬会社の職を辞して本格的に書店経営に乗り出します。中国人からの依頼もあって書店はますます繁盛しました。

内山は書店の片隅に小さな机と椅子を置き、来客にお茶などを振る舞い、ゆっくり本を読んだり歓談したりできる空間をつくりました。ここに魯迅をはじめ日本留学経験者である田漢《でんかん》、郁達夫《いくたつふ》、欧陽予倩《おうようよせい》らのほか、上海在住の日本人の文芸愛好家が集うようになります。

魯迅は食後の散歩ついでに書店を訪れ、来店を重ねるうちに内山と無二の親友となりました。貧しい中国人学生には無料で本を貸し出しており、中国社会の変革を求める若者らの日中民間交流の場所にもなりました。内山は一貫して、本を通じた交友関係を大切にしていました。

民間交流の基礎を築く

一九四七年に帰国するまでの三十五年間中国で過ごした内山は、増田渉、長谷川如是閑《にょぜかん》、金子光晴、室伏高信、鈴木大拙《だいせつ》、横光利一、林芙美子、武者小路実篤、谷崎潤一郎、佐藤春夫、岩波茂雄、野口米次郎ら上海を訪れた日本人の作家や文化人を中国の文学者・文化人らに紹介し、友好関係を深めました。「文芸漫談会」も主宰《しゅさい》し、中国人に日本の文学作品、童話などを紹介しました。

また、魯迅に勧められて、書店内で日中両国語の交換教授をする「日語学会」「一八芸社」をつくって親善に尽くし、終戦までの二十年間たゆまず日中両国民の相互理解の場として活用し続けました。

当時上海では反日本帝国主義の運動がたびたび行われており、上海を統治した国民党の管理が厳しくなるに連れて左翼的な書籍などは次々と発禁処分を受けましたが、内山は個人的な信用があったため書店経営には支障をきたしませんでした。白色テロや第一次上海事変で魯迅が危険に身をさらされたときには、困難にひるむことなく魯迅を守ったことでも名が知られています。

帰国後は日中友好協会理事長として、四八年から十七カ月かけて、北海道から九州まで「中国漫談全国行脚」の講演を二千回以上行い、日本と新中国の友好関係の一日も早い実現を大衆に訴え続けました。また、中国での所見を『生ける中国の姿』『上海漫語』『両辺倒』『花甲録』などの著書にまとめています。

五九年に中国人民対外文化協会の招聘《しょうへい》で北京《ペキン》を訪問した際亡くなり、七十四歳の生涯を閉じました。生前の「中国に骨を埋める」という遺志がくみ取られ、国賓扱いで上海外国人墓地に夫婦で眠っています。

墓石には「書肆《しょし》をもって懸け橋とす」と刻まれています。書店跡は現在中国商工銀行になっていますが、壁には「内山書店旧址《きゅうし》・日本友好人士内山完造」と刻まれた石碑がはめ込まれています。日本でも岡山県井原市芳井町に「内山完造生家跡」碑、芳井町民会館ロビーには内山の銅像が建立されています。

さまざまな側面から交流

二〇一二年の秋から日中関係が険悪になり、現在も状況は改善されていません。しかし、一四年に入ってさまざまな動きが見られるようになりました。

一四年の四月初旬、中国の改革派指導者、胡耀邦《こようほう》元共産党総書記（故人）の長男である胡徳平《ことくへい》氏が来日、菅義偉《すがよしひで》官房長官、岸田文雄外相と相次いで会談し、安倍晋三首相とも面会しました。双方とも日中関係の重要性を再確認しました。

舛添要一氏が東京都知事に当選し、早くも「都市外交を通じて日中関係改善を目指したい」という考えを示し、東京都と友好都市である北京市長が舛添氏に招待状を出して五月初旬に訪問が実現しました。中日友好協会会長唐《とう》家璇《かせん》氏からは「今回の北京訪問は北京市のみならず、中国政府全体が歓迎する。

北京と東京だけでなく、日本と中国との関係改善を図りたいという中国政府の強い意思の表れが今回の招待だ」との発言がありました。

三月二十九日には、政策研究機関「言論ＮＰＯ」が主催した日中韓米の有識者らが「民間外交」討論などを行い、中国人民大学新聞学院院長・趙啓正《ちょうけいせい》氏は日中関係について「われわれ（中国側）はあきらめておらず、打開策を検討している」と述べました。

五月初めには、超党派の国会議員でつくる日中友好議員連盟の訪中団が北京入りし、張徳江《ちょうとくこう》全国人民代表大会常務委員長が訪中団と会談し、日中関係改善に向け意欲を示しました。政府レベルの意思疎通が困難ななか、半官半民の「超党派外交」は、日中関係の「解氷」を静かに促す役割を発揮していく可能性もあります。

米中・日中国交正常化につながった名古屋での「ピンポン外交」（一九七一年、世界卓球選手権）にちなんで、五月六日に元卓球世界チャンピオンらでつくる中国・上海のチームが東京都内で日本の社会人や大学生チームと交流試合を行いました。

岡山、香川県の卓球愛好者らは、競技を通じて中国と交流を図る「瀬戸内日中友好卓球交流会」を設立し、活動の第一弾として三月二十八日から一週間、両県の小中学生を中国・青島市に派遣して現地のトップ選手らと一緒にプレーしました。交流会メンバーは「こんなときこそ草の根の活動が重要だ」と意気込んでいます。

香港の実業家、曹其鏞《そうきよう》氏は日中の懸け橋となるリーダーを育成しようと、双方の国の大学に留学する学生を対象とした新たな奨学金を五月初旬に設立しました。曹氏は五十年余り前の日本留学の経験を基に「相互の理解を深め固い友情が生まれることは、この地域だけでなく世界全体にも大きな利益をもたらすはずだ」と設立意義を強調しました。

四月六日には上海市のホテルで日本人留学生と中国人大学生らが合同で「日中友好成人式」を開催、同月十二日には日本と中国の大学生約六十人が北京市内のホテルで合同合唱会を開き、「日中友好への希望」を歌に託しました。

このように、内山完造が基礎を築いた日中交流は多くの中国人、日本人によって確かに受け継がれています。

LT貿易と高碕達之助

日中友好は「来之不易《らいしふえき》」

一九四九年十月一日の中華人民共和国建国時から二十七年間、政務院総理・国務院総理（＝首相）を務めた周恩来《しゅうおんらい》が新中国の指導者として国際舞台に登場したのは五四年四～七月のジュネーブ会議でした。

インドシナの戦後処理を話し合った同会議で優れた外交手腕を発揮し、「ジュネーブ会議最終宣言」の締結にこぎ着けたことで、新中国の大物政治家という印象を与え、各国から注目されるようになりました。

周恩来は五五年四月にインドネシアのバンドンで開催されたアジア・アフリカ会議（＝ＡＡ会議、バンドン会議）にも出席します。会議において中国が打ち出した平和共存五原則はさらに拡張され、平和十原則（正式名称は「世界平和と協力の推進に関する宣言」）として採択されました。このバンドン精神は現在も引き継がれています。

バンドン会議では後に日本と中国の国交回復につながる重要な秘密会談が行われたことがよく知られています。高碕達之助《たかさきたつのすけ》と周恩来の会談です。

会議には各国元首、首相級が出席しましたが、日本政府は政治的な議論を避けるために加瀬俊一《かせとしかず》外務省顧問を外務大臣代理として出席させるなどしました。経済、貿易を中心テーマとするため、日本政府代表団のトップには、国際経済に精通している経済審議庁長官の高碕が選任されました。

高碕は中国語の通訳として、上海東亜同文書院、東北大学を卒業後、外務省に入省した中国課の岡田晃を指名しました。一方、中国政府代表は周恩来首相で、通訳は日本生まれ日本育ちである廖承志《りょうしょうし》です。

高碕と周恩来の会談は、高碕が会議のない日を選び関係者五人で周恩来の宿泊先へ押しかけて実現しました。周恩来は「戦争中のことは、お互いに忘れましょう。長期的立場に立って、いかに中日友好関係になるか、考えるべきだと思います。中国は『平和共存五原則』の上に日本との国交正常化を推進したい」と表明しました。

高碕は「現在日本は米国によって指導されているので、日本政府は必ずしも貴国政府の希望されるようにはいかない。そこで、ちょっとでも両国関係を改善するために、まず貿易を行いたいと思っている」と告げ、次回の会談を約束して引き揚げました。二人の交渉はとんとん拍子に運んでいったように見えましたが、それを阻止《そし》したのは日本政府でした。

外務省は高碕のお目付け役として谷正之らを随行させており、会談後、高碕の通訳を呼んで会談内容を確認し、周恩来と高碕の二度目の会談をやめさせました。結果として交渉はすぐには成立しませんでしたが、周・高碕会談は日中交渉の門戸を開くきっかけをつくったことになりました。

画期的なLT貿易協定

中国共産党に敗れた蔣介石《しょうかいせき》は国民党を率いて、台湾に中華民国を誕生させました。中国と台湾が再び分断され、日本との国交は断絶しますが、日本は五二年八月五日に中華民国政府との間で「日華条約」および「日華平和条約(七二年九月二十九日、日中国交回復により失効)」を結び、台湾を正統な政権として選択します。

そのため中国との公的な接触はできなくなり、五〇年に設立された日中友好協会などを通じた民間レベルの交流にとどまりました。対中貿易も全面的に禁止する措置がとられました。

このように、日本と中華人民共和国との間に正式な国交がない中で行われたバンドン会議での周・高碕会談は、約七年半の時を経た六二年十一月九日の「日中長期総合貿易に関する覚書（通称：LT協定）」の調印という大きな成果を上げています。それまで、友好商社間での取引に終始していた日中貿易は、この覚書の締結によって両国間にそれぞれの連絡事務所を設け、半官半民の大規模な交易が行われることになりました。

「LT貿易協定」とは、覚書に署名した中国側代表の廖承志（Liào Chéngzhì, 元中日友好協会会長）と日本側代表高碕達之助（Takasaki tatsunosuke, 元通商産業大臣）の頭文字であるLとTをとって「LT協定」、あるいは「LT覚書」と呼ばれ、覚書に基づいて行われた貿易を「L

T貿易」といいます。

バンドン会議に個人的な信頼関係を構築した周・高碕がいたからこそ、「日中準政府間貿易」ともいえる「LT貿易協定」が結ばれたのです。この半官半民の貿易形態は日中国交回復後の七三年まで約十年間継続されました。日中貿易と民間交流に多大な功績を残しています。

同協定実行にともない、技術の交流・協力なども積極的に行われるようになり、従来の短期民間貿易に加え、政府保証を背景とした延べ払いを利用する長期・総合取引化が一気に拡大しました。最盛期のLT貿易額は当時の日中貿易総額の約三分の一まで伸びました。

この成果によってもたらされたのが、日中国交正常化です。七二年九月二十九日、北京で行われた「日本国政府と中華人民共和国政府の共同声明（日中共同声明）」の調印式において田中角栄、周恩来両首相が署名し、ようやく国交回復を果たしました。

周恩来との親交

遅咲きの政治家、高碕は五四年、鳩山一郎内閣の経済審議庁長官に就任した際すでに七十歳を迎えようとしていました。しかし、民間人の経験と優れた判断力と的確な直感力で難題を切り抜ける実力者でした。しかも人情味あふれる人柄で、フランクにずけずけとモノを言って虚心坦懐《きょしんたんかい》に意見を聞くため尊敬と信頼を集めました。

大臣退陣後の六〇年と六二年にも訪中し、バンドンでの周恩来との第二回会談の実現に奔走《ほんそう》しました。技術・経済面ともに詳しい高碕が、中国のために自らの能力を惜しまず提供する姿に、周恩来は感動を覚え、高碕と個人的な親交を深めます。

これがその後の日中関係に大きく影響を与えました。高碕は周恩来と出会った五五年から、六四年に七十九歳で亡くなるまでの九年間、日中貿易、人的交流に尽力し、「LT協定」そして日中国交回復の実現へと道をつなげたのです。高碕が手掛けた日中貿易はその後も飛躍的に拡大し続けています。二〇一三年度の日中貿易総額は三千百十九億九千五百十八万ドルと、日本の対世界貿易に占める中国のシェアは二〇パーセントまで成長し、国・地域別でみた貿易総額と輸入額では中国は日本の相手先第一位です。

高碕は晩年を日中友好事業に捧《ささ》げたといって過言ではないでしょう。彼の精神は、いまでも日中友好を願う人々の間で生き続けています。周恩来は敬愛の念を込めて、友の死を哀悼し、語りました。「このような人物は二度と現れまい」と。

岡崎嘉平太の「刎頸《ふんけい》の交わり」

日中友好に懸けた原点

故郷の岡山県に眠る岡崎嘉平太《かへいた》のお墓へお参りする中国人留学生は、いまでも後を絶ちません。また、岡山県加賀郡吉備中央町にある岡崎嘉平太記念館には日本人だけでなく多くの中国人も訪れています。

この記念館は岡崎の生涯とその思想、日中関係に力を尽くした数多くの功績を次世代に長く伝えるため、二〇〇一年八月に開館しました。遺族から寄贈された遺品約七千五百点の展示のほか、日中交流の企画展や講演会などを催しています。

岡崎は一八九七年（明治三十年）四月十六日に現在の岡山県吉備中央町で生まれ、一九八九年九月二十二日、九十二年の生涯を閉じました。そのうちの五十年ほどを日中友好のために費やしました。

その原点となったのは、十四歳の時、旧制岡山中学校（現在の岡山県立朝日高等学校）で中国から来た留学生、陳範九《ちんはんきゅう》と知り合ったことです。彼と親しくしているうちに中国に興味を持つようになります。

また、第一高等学校時代には龔徳柏《きょうとくはく》という中国人留学生に出会い、中国の歴史、文化などに関心を寄せますが、二年生になった時に不幸な戦争が始まりました。

龔徳柏は突然、「僕は国に帰る。黙って帰ろうと思ったが、君は親切にしてくれたから話しておく」と別れを告げて、帰国してしまいました。

このことは、岡崎に強い衝撃を与えます。この二人の中国人留学生と結んだ友情こそ、生涯をかけた日中友好の道へと岡崎を駆り立てていく原点となりました。

一九二二年、東京大学法学部を卒業し日本銀行に入行、努力と叡智《えいち》に満ちた能力で営業局次長、外国為替部次長を経て、三八年から日本と中国が戦争をしていた間、岡崎は中国に八年間ほど暮らしていました。

最初は、上海に設立したばかりの華興商業銀行の理事となり、上海へ赴任しました。

その後、日本駐上海総領事館の参事官となり、諸外国との交流や友好の大切さを身をもって知ります。常に「信」と「愛」の心をもって、どんな人でも、どんな国の人でも、同じ人間として付き合うようになり、中国人からも敬愛されていたため、終戦後、中国人担当者の協力を得て日本人の引き揚げもスムーズに安全に日本に帰国できました。

兄弟と呼び合う関係

一九四六年の帰国後、戦後の民間企業の再建に大ナタを振るって高い評価を博し、五四年には日本国際貿易促進協会常任委員に就任。積極的に日中間の経済交流推進に取り組み、六二年に全日空の第二代社長として当時の通商産業大臣であった高碕達之助《たかさきたつのすけ》とともに訪中します。

日中国交正常化前に、お互いの利益につながる貿易のことを考え、半官半民の貿易構想を周恩来《しゅうおんらい》に進言し、受け入れられました。

後の「日中総合貿易に関する覚書（「LT貿易協定」とも言われる）」という形で現実化し、日本と中国に設置した連絡事務所は日中間の交渉窓口となりました。
「覚書貿易」の成立は日中国交正常化へ向けての力強い一歩となり、今日の盛んな日中貿易の礎《いしずえ》を築き上げました。

周恩来と岡崎は、日中両国の社会制度の違いや戦争の傷痕《きずあと》を乗り越えて、相互不可侵の原則に基づき、関係を修復し、両国の人民に利益をもたらすことで意見が一致しました。

周恩来は中国の戦国時代の典故《てんこ》「刎頸之交《ふんけいのまじわり》」を日中関係にたとえて、「国益を考え友情を大切にし、中日関係をよくしなければならない」と言い、岡崎もそれに応じました。二人は深い友情の絆《きずな》で結ばれ、岡崎は周恩来より一歳年上ということで、周恩来から岡崎は兄と呼ばれ、お互いに「兄弟」と呼び合うほどに信頼関係を築いていました。

一九六八年以降、岡崎は日中覚書貿易事務所代表として訪中を重ねながら、民間交流、日中貿易の冬の時代を乗り切り、日中国交正常化に精励《せいれい》しました。日中国交正常化の調印式典に岡崎が招かれないのを知った周恩来は、その二日前に個人的に岡崎を招待し、少人数の祝賀会を開いた際、「中国には『水を飲む時には、その井戸を掘ってくれた人を忘れない』という言葉がありますが、そういう方がいたから中日国交正常化できるのです。岡崎さんは『井戸を掘った人』」と讃《たた》えました。

岡崎の努力により、国と国とを結ぶ固い絆となって結実しました。岡崎は周恩来について「人生の師」と言い、生涯尊敬の念を持ち、周恩来が亡くなった際には周恩来の故郷、江蘇《こうそ》省淮安《わいあん》市の生家を訪れて「周総理、あなたこそ日中友好の井戸を掘った人だ。今わたしたちが飲んでいる日中友好という水は、あなたが掘った井戸から湧いてきた水なんです」と涙しました。

断交した日中関係の改善に命を懸け、友好親善の信念と情熱を持った岡崎は、交流を通して日本人と中国人がお互いを知り合うことが何よりも大切だと考え、「中国を知るには、中国に行ってみることだ」「まず、相手を知る。とにかく行ってみる。向こうの人と直接会って、話をしてみる。そうすれば、戦争によって『カラカラに乾いてしまった感情』もいずれ戻ってくる」と主張し続け、生涯で百一回も中国へ足を運んでいます。

常に謙虚で尊大ぶることなく、信ずる道を一途《いちず》に進みながら、人の言葉に誠実に対応するその人柄は、多くの人々に感銘を与えてきました。その人柄と仕事ぶりは、いまも多くの日本人と中国人の追慕《ついぼ》するところです。

受け継がれる岡崎の遺志

一九七二年に日中国交正常化してからも、岡崎は日中経済協会の常任顧問として日中貿易に携わり、周恩来との約束「全日空（ＡＮＡ）での中国訪問」も八七年四月十六日に実現しました。この日は岡崎の九十歳の誕生日でした。

全日空は最初に大連《だいれん》と北京《ペキン》の国際旅客定期便を就航しましたが、現在は中国路線も大幅に増えて国際線の約三割を占めるようになりました。

全日空は岡崎の遺志を継ぎ、九〇年三月、岡崎の生前の功績を讃《たた》えるべく岡崎嘉平太国際奨学財団を設立しました。日本の大学院で修士課程進学を目指し留学を希望する、中国をはじめアジア各国の百人以上の優秀な学生に奨学支援を行い、社員寮の一部を提供してきました。この財団の卒業生たちがいまも世界のどこかで活躍し、日本と母国との交流の懸け橋になっています。

岡崎は一民間人として献身的に日中国交正常化に貢献し、生涯を日中友好に捧《ささ》げるとともに、日本の会社再建や設立など経済人としても大活躍、戦後の日本経済を牽引《けんいん》してきました。数々の偉業をなし得ながらも誠実で、信念を貫きつつ日本人からはもちろん、中国人からも尊敬されています。

日中学生の交流、留学生の支援活動を行い、人的な交流ネットワークを広げて、日中友好や世界平和に身を砕いた岡崎の功績や生き方を理解し、日中の将来を担う青少年たちの友情を深める活動が日中両国で継承されていることを岡崎も喜んでいることでしょう。

第四章　友情の歴史が未来につながる

朱鷺《とき》が結ぶ日中の友好

中国では「吉祥《きっしょう》の鳥」

一時期、絶滅の危機に瀕《ひん》していた朱鷺《とき》は日中両国共同で協力を重ね、その危機から抜け出しました。両国を超えた世界的な美談として賞讃《しょうさん》を浴びています。

二〇一五年六月から二カ月間、日中友好記念作品の舞劇（Dance Drama）「朱鷺」が日本全国二十九都市、全五十四公演され、大きな感動を呼びました。中国最高峰の制作スタッフと中国を代表する芸術団・上海《シャンハイ》歌舞団が総力を結集した圧巻のステージでした。これは民主音楽協会が主催しました。この舞劇「朱鷺」公演によって、朱鷺の存在は日本全国で再び注目を浴びたのです。

朱鷺は、十九世紀までは中国、日本、朝鮮半島、ロシアなどに広く分布していましたが、二十世紀前半から農薬使用や環境悪化などにより激減しました。

日本では一九九三年四月一日に国内希少野生動植物種に指定され人工飼育繁殖に力が注がれましたが、残念ながら二〇〇三年十月十日に最後の一羽「キン」が死亡し日本産の朱鷺は絶滅しました。現在は新潟県の佐渡トキ保護センターで人工による飼育繁殖をしており、放鳥を繰り返して野生復帰させています。

朱鷺は『日本書紀』や『万葉集』などの古典では「桃花鳥」、平安時代には「鴇」「鴾」という当て字を使って親しまれていました。ひときわ美しい羽根の色は鴇色《ときいろ》という日本の伝統色の一つとされ、昔から「日本を象徴する鳥」として愛されています。また、伊勢神宮では須賀利御太刀《すがりのおんたち》の柄《え》の装飾としても朱鷺の羽根が使用されています。

『伊勢神宮の衣食住』（矢野憲一著、東京書籍）によると、「神宝の柄に朱鷺の尾羽根を二枚使うことが定められているが、九三年の第六十一回式年遷宮《しきねんせんぐう》のときに日本で朱鷺が絶滅寸前となり、羽根の入手が不可能かと思われたが、篤志家《とくしか》が保管していた羽根を譲り受け、二〇一三年第六十二回式年遷宮の分まで確保された」という記述があります。

天皇が宮司《ぐうじ》を務める唯一の神社である伊勢神宮の儀式にも使われているということからも、朱鷺の珍重さをうかがい知ることができます。一九三四年十二月二十八日には天然記念物にも指定されました。

一方、中国では朱鷺は漢の時代民謡形式の詩集の『楽府《がふ》』に「吉祥《きっしょう》の鳥」と記載され、昔から吉祥の象徴とされてきました。二十世紀前半までは広範囲に生息していましたが、六四年の甘粛《かんしゅく》省康《こう》県での目撃報告を最後に姿を消しました。そこで国が調査に乗り出したところ、八一年に陝西《せんせい》省洋《よう》県で七羽発見されました。

その生息地を自然保護区に指定すると同時に人工繁殖も行うようになりました。八九年には北京動物園朱鷺飼養繁殖センターが世界初の人工繁殖に成功し、以来、野生朱鷺の個体数は順調に増加しています。

現在、中国では千六百五十羽に上る朱鷺が認められています。二〇〇三年から「国鳥」制定に向けて準備が進められ、朱鷺は人気が急上昇しており、ランキングの二位まで浮上しました。

絶滅の危機を回避

中国産の朱鷺と日本産の朱鷺は生物学的に研究調査され、同一種の鳥だと判明しています。世界で最も絶滅の恐れの高い鳥類の一つであり、日中両国だけに生息しているという共通認識を持っています。

日中の朱鷺保護の交流は一九八五年に始まりました。当初は日本が中国産朱鷺のオス個体「花花《ホアホア》」を借りて、「キン」との間の繁殖が試されましたが、四年たっても成功しませんでした。「キン」は九〇年に北京動物園に移されるも、これも失敗に終わります。

九八年には国家主席であった江沢民《こうたくみん》が中国産朱鷺のつがいを日本に贈呈することを表明し、翌年一月三十日、オス個体「友友《ヨウヨウ》」とメス個体「洋洋《ヤンヤン》」が日本に寄贈されました。同年五月二十一日には日本初の人工繁殖に成功し、

「優優《ユウユウ》」が誕生しました。二〇〇〇年十月に朱鎔基《しゅようき》総理が訪日した際、メス個体「美美《メイメイ》」を日本に貸すことが決まり、その後日本でも順調に人工飼育数が増え続けています。

日中の朱鷺保護への協力をさらに強化発展させるため、日本国環境大臣と中国国家林業局長は〇三年十月、東京で『日中共同トキ保護計画』に調印しました。その前文に「双方の長所を取り入れ、優れた点をもって互いに補い合う」とあり、絶滅の危機に瀕《ひん》していた朱鷺の生息を救ったこれまでの日中共同プロジェクトが本格的に稼働しました。

日中外交の象徴的な存在に

朱鷺を生息させるために重要な自然環境保護の観点から、二〇一〇年十二月、日中トキ保護計画の第二プロジェクト「人と朱鷺が共生できる地域環境づくりプロジェクト」が立ち上げられました。この事業は朱鷺の保護と地域住民の生活向上の両立を目指しています。

日中双方のさらなる協力を強化し、農民の生活向上、地域の発展、朱鷺の生活環境保全および改善を共に実現していくことを目標としています。プロジェクトでは新たに三つの自然保護区が指定されました。中国の陝西《せんせい》省、河南《かなん》省では朱鷺が生息できるように住民一丸となった自然環境の復元・保全に取り組んできました。

また、日本の環境保全の取り組みの経験と技術を導入して、行政と住民が一体となって有機無農薬栽培の稲作に取り組み、多様な生き物が豊かに生息する里地里山環境を作り出しました。その結果、朱鷺が生息する生態系全体の保護・保全が実現し、保護された朱鷺だけでなく、野生復帰の朱鷺も飛躍的に増えました。

日本では二〇〇八年から継続してきた朱鷺の放鳥も回を重ね、一二年九月に行われた第七回放鳥までに延べ百八羽の朱鷺が放たれました。一三年の十月十日には、佐渡市生まれの朱鷺の子孫が中国の河南省信陽《しんよう》市羅山《らざん》県自然保護区で初めて野生に返されました。

中国で朱鷺の保護事業を支援しているＪＩＣＡ（国際協力機構）のチーフ・アドバイザー森康二郎氏は、十月十日の放鳥式典で「日本の血筋をひいた朱鷺が中国の自然に返り、日中のつながりを象徴するようで非常にうれしい。今後は地元とともに、朱鷺が安心して生きていける環境づくりに努めたい」と話していました。

また、河南省信陽市羅山県自然保護区管理局副局長の朱家貴《しゅかき》氏は「日本と中国の朱鷺の放鳥が、今後もうまくいくことを願っているし、日中の交流もさらに深まってほしい」と希望を託しました。

日本産の朱鷺が絶滅してから十数年。日中両国の惜しまぬ努力で朱鷺の保護、人工飼育繁殖を開始してから三十二年、日中両国の青空に「吉祥の鳥」が舞うようになりました。


絶滅からの驚くべき功績で、野生復帰事業が順調に推進されてきた証しとなりました。これは日中両国関係者の努力の賜物《たまもの》以外にありません。人と野生動物の共存は世界共通の課題です。

朱鷺の取り込みは世界中の絶滅危惧《きぐ》動物保護成功モデルとなっています。パンダ外交だけでなく、日中両国間には世界に胸を張れる友好事業があるのです。いまの冷え切った日中関係を打破するヒントもきっとあるはずです。

魯迅と「藤野先生」の師弟関係

日本への留学生・魯迅

近代中国の代表的な小説家・翻訳家・思想家である魯迅《ろじん》は一九〇二年四月、二十歳の若さで当時清《しん》国の官費留学生として日本に派遣され、一九〇九年八月に帰国するまで通算七年間、日本に滞在していました。のちに『藤野《ふじの》先生』という小説で日本でも名が知られるようになりました。

魯迅の文学作品のなかで、日本または日本人に関するものはわずかですが、魯迅と日本とのつながり、日本人との交友関係などがうかがわれる資料が日中両国の魯迅記念館などに多く保存されています。

魯迅は七年間の日本留学において中国では成し得ぬ経験をし、人間性の確立、思想の形成がされたといわれています。

日本の柔道家・教育者である嘉納治五郎《かのうじごろう》が清国の中国人留学生に日本語と普通教育を授けるため新たに東京牛込に開いた弘文学院《こうぶんがくいん》で、魯迅は二年間、日本語のほか算数、理科、地理、歴史などの教育を受けました。

当時、清国は日清戦争に敗れ、国内外の圧力で国家として危機的な状況にありました。日本人は福沢諭吉の「脱亜論」の影響を受け、中国人に対する蔑視《べっし》を強めており、魯迅ら留学生は日本での生活において多くの精神的な苦痛を味わったのです。

弘文学院で学ぶうちに魯迅は医学に目覚め、一九〇四年九月に仙台医学専門学校（現在の東北大学医学部）に入学します。

しかし、たった一年半しか在籍しませんでした。二つの事件によって、自ら退学の道を選んだのです。その一つは「ノート事件」です。解剖学の授業を担当していた藤野厳九郎《げんくろう》先生はふるさと福井県のなまりで講義をするため、東京で日本語を習ってきた魯迅がきちんと授業を理解しているか気にかけて、毎週授業の後に講義ノートを提出させました。

先生から返ってきたノートは、内容だけでなく日本語の表現や文法の間違いまで丹念に添削されていました。魯迅は強く心を打たれ、先生の愛情のこもったそのノートに沿って懸命に勉強し無事に進級できました。

しかし同級生が、ノートの添削は試験問題の漏《ろう》えいではないかと疑い、あらぬ噂《うわさ》を広めます。ノートは検査され、侮辱《ぶじょく》めいた匿名《とくめい》の手紙が届き、魯迅は民族的差別と受け取り落胆してしまいました。

そして起きた「幻灯《スライド》事件」。細菌学の授業時間が余った時、日露戦争のスライドが紹介されました。そこにはロシアのために探偵となった中国人の処刑を見物している中国人が映し出されたのです。

愚かで弱い自国民を目《ま》の当たりにした魯迅は、中国を強くするためには医者として中国国民の体を治すのではなく、「精神の改造」が急務であると痛感します。医学への道を断念、国民性改革のための文学に身を投じることを決意します。

客観的で冷静な見方

魯迅は藤野先生に仙台医学専門学校を退学することを告げました。先生はため息をつきながら自分の写真を一枚出して、裏に「惜別　藤野　謹呈周君」と書いて魯迅に渡します。お世話になった先生との別れを惜しみ東京に戻った魯迅は、文学活動に入りました。

そして一九〇九年に帰国し教師として生活を始めた後、中華民国・臨時政府教育部の役人になるなどして本格的に「文学革命」という運動を繰り広げました。

一九一八年には初めての小説『狂人日記』を発表し、以来、次々と新作を上梓《じょうし》し、中国の文学界に新風を吹き込みました。一九二六年に文学者・言語学者・評論家の林語堂《りんごどう》の紹介で福建省廈門《アモイ》大学の教授になり、廈門で『藤野先生』を完成させました。

魯迅が仙台を離れてから、藤野先生との間には一通の手紙のやり取りもありませんでした。しかし『藤野先生』のなかで、「なぜか知らぬが、私は今でもよく彼のことを思い出す。私が自分の師と仰ぐ人のなかで、彼はもっとも私を感激させ、私を励ましてくれたひとりである」(竹内好《よしみ》訳)と記しており、先生からもらった写真についても「彼の写真だけは、今なお、北京のわが寓居《ぐうきょ》の東の壁に、机に面してかけてある」（同）とあり、大事にしていた様子がうかがえます。藤野先生を終生の恩師として尊敬の念を持ち続けていたのでしょう。

仙台での不愉快な経験だけでなく、藤野先生との出会いが魯迅の日本観に大きな影響を与え、帰国後は先生に対する恩返しの気持ちで中国に来た多くの日本人と親交を深めました。排日の声の最中に、魯迅はあえて中国青年に忠告しています。

嫌な面だけ見て日本人を嫌ってはいけないし、日本のすばらしさばかり見て「日本はすべて優れている」と思ってもいけない、と。

日本留学の経験があったからこそ、魯迅の客観的で冷静なものの見方が生まれたと思われます。固定観念にとらわれて相手を認識するのではなく、相手の立場に立って自分を見つめなおす客観的視点は今日の日中関係にも必要なものでしょう。

福井県の藤野厳九郎記念館

藤野先生のふるさと福井県には「藤野厳九郎記念館」が設置されています。魯迅とのゆかりの資料が保管され、藤野先生が魯迅に渡した写真と裏面文字の実物をはじめ、二人に関する資料や書籍などが多数展示されています。

福井県と、魯迅のふるさと浙江省《せっこう》とのかかわりは古くから続いています。一二二三年には大本山永平寺の開祖道元《どうげん》禅師は真の仏法を学ぶために中国の宋《そう》に渡り、浙江省寧波《ねいは》市にある天童寺の如浄《にょじょう》禅師に入門、四年の修行を終えて帰国しました。

そして福井県吉田郡に永平寺を建立します。寺号は中国に初めて仏法が伝来した後漢の明帝《みん》時代の永平という年号をとり、「永久の和平」の意味を込めています。

近年、両県省は先人の英知に学び、日中友好交流史に新しいページを切り開いています。浙江省からの技術研修員や県立大学への留学生の受け入れ、実務研修団の相互派遣、両図書館の交流など、各分野にわたり多彩な交流を展開しています。

市町村では、福井市と杭州《こうしゅう》市、敦賀《つるが》市と台州《たいしゅう》市、あわら市と紹興《しょうこう》市、春江町（坂井市）と嘉興《かこう》市、小浜《おばま》市と平湖《へいこ》市が交流を深めています。また、一九九四年七月には県内から同省への進出企業を支援する「福井県・浙江省経済交流促進機構」が設置されました。以降、県内企業の進出は徐々に増加し、現在では十五社に上っています。

西村真琴と魯迅の友情

西村真琴と中国

植物・生物学者で毎日新聞の記者でもあった西村真琴《まこと》は一九二八年、日本における最初の人間型ロボット「學天則《がくてんそく》」を制作し、京都で開催された昭和天皇即位の記念博覧会に出品しました。「學天則」とは「人間も科学も天則」の意で、西村は自然を尊ぶ精神を持ち平和主義を提唱、実践していました。ロボットの胸には世界平和を願ったコスモスがあしらわれています。彼は中国とも縁があり、現在に通じる友好の道しるべを残しています。

二〇〇九年二十六歳の西村真琴は旧満州（中国東北部）に渡り、南満州遼陽《りょうよう》小学校長となり、翌年南満医学堂の生物学教授となりました。一四年まで滞在し、全満州の植物調査および生物分布調査を行いました。一五年に渡米しコロンビア大学植物学専攻科に入学、一九二〇年に博士号を取得し翌年帰国して北海道帝国大学教授となりました。

後に毎日新聞記者に転身して、大阪に移住しました。旧満州での生活経験、米国での留学経験が国際感覚や豊かな人間性を高め、西村はよく「地球は祖国」と口にしていました。

一九三二年一月二十八日、上海事変が勃発すると、西村は医療奉仕団を組織して戦時下におかれていた上海に渡ります。戦争被災者や孤児を救援した際、砲火により廃墟《はいきょ》と化した郊外「三義里《さんぎ》」で飢えて飛べなくなった一羽の小鳩を救い、町の名にちなんで「三義」と名付けました。

大阪に連れて帰り、中国の鳩を日本の鳩とつがいで飼い、大切に育てます。以後、日本各地に「三義」を連れ出して講演を行い、国境を超えた人間同士の友好を訴えて回りました。

「三義」と日本鳩の間に子鳩が生まれたら平和友好の象徴として上海に送るつもりでしたが、「三義」はイタチに襲われて落命してしまいます。近在の人たちが野面石《のづらいし》を持ち込み西村家の庭に「三義」のために塚を営み、当時の駐中国公使・重光葵《しげみつまもる》に石碑に「三義塚」と潤筆《じゅんぴつ》してもらい、裏面には和歌を用意しました。

同郷の島崎藤村が作った「三義鳩の記」という短い文章は中等学校の国語教科書にも採用されました。

結ばれた「戦火の友情」

西村は上海在住の文豪・魯迅《ろじん》に自筆の「三義」の絵と、「西東国こそ異《たが》へ小鳩等は親善《したしみ》あへり一つ巣箱に」という和歌を贈りました。感激した魯迅は三三年六月二十一日、七言律詩「三義塔に題す」を詠《よ》み西村真琴に贈ります。

奔霆《ほんてい》　飛焔《ひえん》　人の子をつくし敗井《はいせい》　頽垣《たいえん》　餓鳩《がきゅう》をのこす　偶《たま》たま大心《たいしん》に
値《あ》いて火宅《かたく》を離《はな》れ終《つい》に高塔《こうとう》を遺《のこ》して瀛洲《えんしゅう》を念《おも》う　精禽《せいきん》　夢覚《ゆめさ》めて　なお
石をふくみ　闘士《とうし》　誠堅《まことかた》くして　共《とも》に流《なが》れに抗《こう》す　劫波《こうは》を渡《わた》り尽《つ》くせば
兄弟《きょうだい》在《あ》り　相逢《あいお》うて一笑《いっしょう》すれば　怨讐《おんしゅう》ほろびん

魯迅はこの詩を詠んだ三年後に亡くなりましたが、その後、西村は大阪毎日新聞社会事業団の幹事に就任し、やがて常任理事となり、事業団は日中戦争最中の一九三八年、四天王寺などと合同で隣邦《りんぽう》孤児愛護会を作りました。
その設立趣意書には、「現地の戦禍が、幾多民衆の不幸を現じつつある中にも、最も哀れなるは、父母を喪《うし》ないかつ寄辺《よるべ》なき孤児が飢に泣きあるいは病に悩む姿である。我等はこの惨状を目撃しては到底捨て置く事ができない」と書かれています。

日本軍国主義による中国侵略戦争の猛威が吹き荒れるなか、軍部からの圧力をはねのけ、西村ら隣邦孤児愛護会は三九年一月に中国に渡り、敵国である中国人戦災孤児六十八人を日本に呼び寄せ、四天王寺が運営する養護施設で養育していました。太平洋戦争が始まると、状況悪化が予想され、順次子どもを中国に帰国させました。東京第一高等学校に進学した一人を除き、六十七人が帰国した四五年五月に隣邦孤児愛護会の活動に終止符を打ちました。

戦後、西村は豊中市議会議員になり、議長も務めました。ある市議が中国から引き揚げ船に乗る際、中国青年に親切にしてもらいお礼を述べると、「このお礼は、私が受けるべきではない。日本に西村真琴という先生がおられる。その方にお礼を言ってください。私が今日あるのは、西村先生のおかげです」と言われたというエピソードが四八年一月の市議会の議事録に克明に残されています。その青年は戦争孤児として日本に呼び寄せた一人だったことがわかりました。市議は「軍には相当の反対もあったそうだ。その反対を押し切って、未来の日本と中国のためにと、同胞愛、人類愛に徹した」と、西村を讃《たた》えました。

魯迅の詩の最後二句「渡尽劫波兄弟在（劫波《こうは》を渡り尽くせば兄弟在り）相逢一笑泯怨讐（相逢うて一笑すれば怨讐《おんしゅう》ほろびん）」は中国人なら誰もが知っている有名なフレーズで、よく引用されています。日中友好のシンボル的な詩句です。西村と魯迅の友情は戦時下で結ばれた「戦火の友情」と伝えられ、日中両国民に愛し尊敬されてきました。

これは、日中両国の民間友好交流のこのうえもなく堅牢《けんろう》な懸け橋と言えるでしょう。

語り継がれる友情

二〇一四年二月下旬、大阪・豊中市立中央公民館で開催された「西村真琴と魯迅展」を訪れました。二人の心の交流を題材とした写真の展示がなされ、八六年に中央公民館前に移設された「三義塚」の石碑も見ることができました。

講演会と討論会も開かれ、上海魯迅記念館の王錫栄《おうしえい》館長は、「二人は戦争に反対する闘士で、正義と人道で友好を続けた」と語り、魯迅の詩の解説をしました。また王館長は、一九六八年、国内外の非難を恐れず日中国交正常化を提言した池田大作創価学会名誉会長の勇気に触れつつ、「両国の関係が複雑ないまこそ、民間の交流を強化し、一緒に荒波を乗り越えていきましょう」と居合わせた参加者に呼び掛けました。

現在、日中関係は国交正常化以来最悪の状態に陥っていますが、西村と魯迅はいまよりもはるかに厳しい日中戦乱の最中に日中友好の偉業を成し遂げたのです。

日本と中国の間に不幸な過去があったのは間違いありません。たとえ、政府同士が対立していても、個人、民間レベルでできる事は多くあります。険悪ムードが漂ういまこそ、西村真琴と魯迅が友情を結んだ歴史を学びたいものです。

孫文を支えた梅屋庄吉

香港での運命的な出会い

一九一一年、辛亥《しんがい》の年に勃発《ぼっぱつ》し、清《しん》の王朝を倒し中華民国を樹立した中国の辛亥革命により、二千年来の専制政治は終わりを告げました。

そして中国史上初の共和国が生まれ、孫文《そんぶん》を臨時大総統とする南京《なんきん》臨時政府が誕生するも、革命勢力が弱体であったために大清帝国第二代内閣総理大臣を務めた袁世凱《えんせいがい》が大総統に就任しました。

革命は成功しませんでしたが、孫文はつとに興中会《こうちゅうかい》を組織し革命を唱え続けてきたため、辛亥革命を契機に、独立・革命の動きは全中国に広まり近代中国の道が切り開かれていきました。

その孫文の革命運動に、生涯を通して支援し続けた日本人がいました。梅屋庄吉《うめやしょうきち》です。

庄吉は一八六八年に生まれ、鎖国時代にありながら唯一中国に門戸を開いていた長崎の港湾町で育ちました。

外国船が頻繁に往来するのを間近に見ていた庄吉は幼少期から外国に興味を持つようになり、そのことで、後に発揮する卓越した国際感覚や時代を先取りした物の見方を育《はぐく》んだのです。

十四歳で上海《シャンハイ》へ渡った庄吉が、そこで目にしたのは貧しい中国人の暮らしぶりや、外国租界《そかい》となっていた街角に「中国人と犬は立ち入るべからず」と掲げられた看板、欧米列強に屈辱《くつじょく》的な扱いを受けていた中国人の惨《みじ》めな姿でした。

故郷長崎で尊敬と親しみを持って接していた中国人に対する仕打ちを目《ま》の当たりにした庄吉は怒りを覚えました。「日本人の友人であり、兄弟である中国がこんな状態であってはならない」と中国および中国人を助ける気持ちが芽生えます。

二十代から家業の経営に携わった庄吉は、二十五歳で事業に失敗、挫折しましたが、胸の奥に秘めていた海外雄飛の夢の実現に向けて、一八九三年、福建省廈門《アモイ》を訪問しています。廈門の友人の助けを受けて、廈門からシンガポールへ移り、イギリス人の家政婦として働いた時に習得した写真技術を持った日本人女性、中村トメ子と出会います。

二人は協力してシンガポールで「梅屋照相《しょうそう》館」を開業しましたが、うまくいかず、拠点を香港《ホンコン》に移すと、今度はこれが大成功。そして庄吉は孫文と、共通の知人である英国人医師ジェームス・カントリー博士を通じて出会います。出会って間もなく、孫文は「梅屋照相館」にポートレートを撮ってほしいとやって来ました。

二人は常日頃から考えていたそれぞれの持論をぶつけ合い、意気投合します。

孫文は、「中国と日本は不幸にも戦争をしたが、いまこそ中日両国は団結して中国を植民地化から救わなければならない。

わが国の改革を成就させるために、清朝を打倒する以外にはない。私たちを支援してほしい」と庄吉に打ち明けました。

庄吉は孫文の理想に共鳴し、「君は兵を挙げよ、われは財をもって支援する」と約束します。その時、孫文は二十九歳、庄吉は二十七歳でした。

二人の固い約束は次第に実行へ移されていきます。庄吉はひそかに孫文に多額の資金を提供し、辛亥革命後もたびたび日本に亡命した孫文への全面的な援助をし続けました。

革命を支援する

庄吉が常に口にしていた言葉は「富貴在心《ふっきざいしん》」です。庄吉は助け合うのが人の道であり、平等な世の中をつくっていけば平和な世界になるという信念の持ち主でした。

この無私の精神は子どもの頃から見られました。幼少期の庄吉はしばしば店の売り上げを持ち出しては貧しい人に配り、町の人たちに対してゆすり・たかりをする人と闘っていました。

面倒見のよかった庄吉は、香港でも慈善事業や社会貢献、文化への寄与など、困った人たちに救いの手を差し伸べました。

孫文に「革命を支援する」と約束した以上、庄吉は自らのアイデアと行動力で事業を拡大するために奔走し、儲《もう》けたお金は香港に本部のある興中会を通して孫文に提供し続けました。

しかし一八九五年の広州蜂起《ほうき》に失敗した後も興中会に資金援助を続けていた庄吉は、密告によって清朝から香港政府への写真館引き渡しを要求されます。

シンガポールに逃げた庄吉は、興中会のメンバーである華僑《かきょう》の援助を受け、映画館経営に乗り出しこれもまた成功を収めました。そして日本に帰り、上京して一九〇六年、映画ビジネスを本格的に始動させ、日本映画界の風雲児として存在感を示すに至りました。映画事業の成功によって得た莫大《ばくだい》な資産も、孫文の革命運動支援に充《あ》てました。

孫文は日本を革命運動の基地とし、革命生涯の実に三分の一を日本で過ごしました。庄吉は資金と精神両面で支え、一九一五年、東京の梅屋庄吉邸で孫文と宋慶齢《そうけいれい》の結婚披露宴を盛大に行いました。政財界から犬養毅《いぬかいつよし》、古島一雄、小川平吉、頭山満《とうやまみつる》、杉山茂丸、宮崎滔天《とうてん》ら総勢五十人ほどが列席しており、孫文と庄吉の交流の広さ、人望の厚さがうかがえます。

十年後の一九二五年三月、孫文が北京《ペキン》で肝臓がんのため五十八歳の人生を終えた時、庄吉はいち早く北京に駆けつけ、孫文の柩《ひつぎ》が北京から南京《なんきん》に運ばれる道中ずっと宋慶齢と長男孫科《そんか》に付き添っていました。

孫文の柩を担いで中山陵《ちゅうざんりょう》の階段を登る四十人の奉持者の中で、たった一人の日本人でした。友情の固さがうかがえます。

若い時から友好往来

「革命いまだならず、同志なおすべからく努力すべし」との遺言を残して世を去った孫文の精神を後世に伝えるため、緊張が高まっていた日中関係の最中でも日中親善こそが東洋平和につながると固く信じ、四基の銅像を中国に寄贈しました。

また梅屋庄吉は、映画『大孫文』の製作にも取り組みました。最後は、日中関係の悪化に際し、外相・広田弘毅《こうき》に改善の談判に赴《おもむ》こうとした道中で倒れ急死。六十五歳でした。

二〇一一年、辛亥革命から百年の年に、中国政府は長崎市に梅屋庄吉夫妻の像を寄付しました。上海市からも孫文像が寄贈されます。長崎県からは梅屋庄吉座像が上海に寄贈されました。ほかにも、中国と日本の各地に銅像や記念館などが設置されています。

長崎と福建省廈門市間にチャーター便が運航されるようになったのも、梅屋庄吉が結んだ友好関係が現在に花を咲かせたといえます。長崎のハウステンボスへは上海の大型客船も定期的に運航されるなど、長崎県と中国各地の絆《きずな》は日本の他県よりも強いように思います。

二〇一三年八月、辛亥革命発端の地である武漢の辛亥革命博物館で、中日高校生による「孫文と梅屋庄吉―中日交流会」が開かれ、長崎出身の高校生と武漢洪山高校生各十七人が一対一のペアとなってパフォーマンスを行い、武漢の学生の家にホームステイしたり、語学の勉強や文化交流を行ったりしました。

長崎県の多くの高校では中国語の授業が開設されており、中国語を話すことができる高校生が増えているそうです。庄吉はきっと、「しっかりした後継ぎができている」と喜んでいるはずです。

親善の橋かけた棋聖・呉清源

日本との出会い

二〇一四年十一月三十日、日中の囲碁界《いご》に多大な影響を与え、「昭和の棋《き》聖《せい》」と讃《たた》えられた棋士《きし》、呉清源《ごせいげん》が亡くなりました。百歳でした。囲碁の革命といわれた画期的な「新布石法」を考案し、現代布石の礎《いしずえ》を築き、世界の囲碁界に一大センセーションを巻き起こした巨星の人生を振り返ってみましょう。

呉清源は一九一四年六月十二日、父・呉毅《ごき》（炎曾《えんそう》）の三男として中国福建省福州市に生まれます。先祖代々「書香門第《しょこうもんてい》（読書人、学者の家柄）」です。呉毅は高等学校卒業後、一三年から一年間日本に留学した際に囲碁をたしなむようになり、方円社という囲碁の組織に通うなどして腕を磨きました。帰国時には日本語で書かれた囲碁の書籍や雑誌を多数持ち帰り、息子が誕生してからは北京に移り住みました。

書香一門の子どもは「琴棋書画《きんきしょが》（琴、碁、書、画の四芸）」を習得するという、中国の伝統的な考え方に乗っ取り、呉清源は五歳頃から中国の重要な古典、四書五経を学び始め、七歳の時、二人の兄とともに父から囲碁の手ほどきを受けます。

わずか十一歳で「囲碁の神童」と呼ばれ、十三歳でトップクラスの棋士と互角に渡り合い、周りには対等に相手ができる者がいなくなりました。

父は肺結核で早世しますが、生前に連れて行ってもらった「海豊軒《かいほうけん》」という北京の碁会所《ごかいしょ》で顧水如《こすいにょ》、汪雲峰《おううんぽう》など当時の中国一流棋士と対局した経験によって道が開けます。

顧水如の紹介を頼って、中華民国政府臨時執政（一九二四〜二六年）の段《だん》祺瑞《きずい》と対局し、月百元の学費援助を受けるようになりました。

段からの奨学金が途絶えると、資産家の集まるレストラン「来今雨軒《らいこんうけん》」で碁を打つようになり、またたく間に天才少年の名が知れ渡ります。日本人が経営するクラブにも招待され、噂《うわさ》にたがわぬその腕前に日本の新聞社も中国まで追いかけて報道するほどでした。

訪中経験のあった日本の棋士・瀬越憲作《せごしけんさく》は呉清源の棋譜を確認し、「秀策《しゅうさく》（＝本因坊秀策）の再来」と絶賛。犬養毅《いぬかいつよし》や大倉喜七郎など政財界の助力も受けながら、呉清源の日本への招聘《しょうへい》にこぎつけました。

才能ある人を渇望

この時の呉清源の来日については、『呉清源とその兄弟　呉家の百年』（桐山桂一著、二〇〇五年、岩波書店刊）に記された来日エピソードをかいつまんで紹介しておきます。

一九二七年の秋、瀬越憲作が、七段の岩佐銈《けい》とともに、政界で棋家として知られた犬養毅の邸宅を訪れました。北京に住んでいる十四歳の少年・呉清源を日本へ呼び寄せるためです。

犬養は「そんなすばらしい少年を呼んだら君らは皆、やられるぜ。日本の棋界が中国の少年に抑えられたとあってはどんなものかな。君らはどう思う」とたずねます。

「本望です」「やられるくらいでなくちゃ、呼ぶ甲斐《かい》がない」と瀬越は答え、さらに、「芸道に国境はない。世界のどの国の人が名人上手になったところで、私らは大いに歓迎したいと思っている」と言い切りました。

犬養は「ええ覚悟じゃ。技芸に携わる人は常にその精神を持っておかなければいかん。それでこそ、芸の道は発達するのじゃ」と微笑《ほほえ》みました。


こうして一九二八年秋、呉清源は海を渡って日本の棋界に飛び込むことになりました。来日後、瀬越憲作名誉九段に入門。最初は瀬越の世話で麻布谷町の借家に住んでいましたが、一年ほどで東中野に移り、次いで西荻窪の瀬越宅の隣に住みます。

意志が強く努力家で研究家、自分の腕に驕《おご》ることなく謙虚《けんきょ》な態度で周りの人と接し、囲碁仲間らとの関係を大事にしながら対局に取り組んでいきました。

一九二九年には飛付でプロの三段昇段となり、三三年には五段に昇段します。同年、盟友といわれた五段の棋士・木谷実と共同研究し、従来にはなかった序盤の構想である「新布石法」を打ち出し、現代囲碁に大きな影響を与えました。

スピード重視の「新布石法」は近代囲碁における最大の功績の一つとされています。戦前から戦後にかけて、一人と十局を打つ「打ち込み十番碁」でトップ棋士延べ十人と対戦し、連戦連勝で名実とも日本最強の「棋聖」となりました。もし、呉少年を呼び寄せ育てた瀬越の度量がなければ、このような活躍はなかったかもしれません。

瀬越はまさに、現代囲碁界の「伯楽《はくらく》」といえるでしょう。

揺れ動く両国の間で

呉清源が日本の囲碁界で躍進した時期は、満州事変や日中戦争と重なります。緊迫した情勢にあった日本と中国の間で翻弄《ほんろう》されたのです。

一九三六年に日本の国籍を得るも、四六年には中華民国の国籍を獲得。さらに七九年には改めて日本に帰化しています。

三七年七月の盧溝橋《ろこうきょう》事件をきっかけにして起こった日中戦争の後に、呉清源は記者のインタビューに応じて、「どうなることかと人並みに心配が起こらないでもない。戦争というようなことは、結構な話ではないと思う。結構な話だと思う人は一人もあるまいが、とりわけ私のように中国に生まれて、いまでは日本人となっている者とすれば、日中が争うなどとはまことにもって、ありがたくない。一日も早く、平和に返ってほしいのがやまやまである」と述べました。

ここでも彼は、良好な日中関係を望み、平和への願いを吐露しています。

文豪・川端康成とも交流があり、川端は著書『呉清源棋談・名人』の中で、「一人の碁打ちが、中日親善、敬愛の美しい橋をかけている」と書いています。

晩年の二〇〇四年には中国で「呉清源国際囲碁交流基金」を設立し、囲碁を介した日中交流に努めていました。その思いはさまざまな賞の受賞につながりました。

一九八七年には勲三等旭日中綬章を受章。二〇一四年八月には中国人民対外友好協会から「青少年の囲碁のレベルアップと中日両国の友好関係に大いに貢献した」と、平和発展貢献賞が授与されました。

囲碁は中国で生まれたゲームですが、長きにわたり日本の棋界が研究の先端を走っていました。清源の弟子にあたる林海峰《りんかいほう》名誉天元《てんげん》や、好敵手であった木谷実九段門下の趙治勲《ちょうちくん》二十五世本因坊ら、日本の囲碁界を引っ張ってきた海外出身の棋士も増え、日本の囲碁界は世界に開かれたものとなりました。

近年は本場の中国や韓国、台湾の棋界の実力が向上し、国際的な交流試合も盛んに行われています。日中の囲碁の懸け橋を担ってきた呉清源が亡くなっても、その橋は未来にわたって、堅固《けんご》に懸かり続け、両国の絆《きずな》をさらに強くすることと心から期待しています。

友好の使者・高倉健

中国でも大人気

二〇一四年十一月十日、名優の高倉健さんが逝去されました。八十三歳でした。同月十八日に訃報が伝えられますと、日本のマスメディアでは追悼記事や番組が相次ぎました。

中国でも大々的に報じられ、国営の中国中央電視台の夜七時の全国定時ニュース番組「新聞聯播《しんぶんれんは》」をはじめ各省・市のテレビ局もニュース番組で一斉に放送し、その功績を大いに讃《たた》え偲《しの》びました。中国中央電視台は二十五分にわたって健さんの死を惜しむ特集を組んで放送するほどでした。

また、中国外交部報道局の洪磊《きょうせき》報道官は十八日の定例記者会見で「高倉健さんは、中国国民にもよく知られた日本の芸術家。両国の文化交流を促進するうえで重要な貢献をした。彼の死去に対して哀悼《あいとう》の意を表したい」と談話を発表しました。

中国共産党系の新聞にも追悼記事を掲載し、新華社も健さんへの敬意と惜《せき》別《べつ》の念を込めた評伝記事を配信しました。中国の微博《ウェイボー》（簡易ブログ）でも哀悼のコメントが殺到。北京《ペキン》の日本大使館には中国のファンから花束や哀悼のメッセージがたくさん届けられました。日本社会が受けたショックよりもはるかに大きいように思えました。

なぜそこまでに、彼は中国で愛されたのでしょうか？

中国は一九四九年、中華人民共和国の成立以降、外界との往来を絶ち、新しいものを受け入れないという「閉関自守《へいかんじしゅ》」の政策を取り続けました。

とくに「文化大革命（一九六六〜七六年）」はひときわ鎖国傾向が強く、「独立自主、自力更生」のスローガンを掲げ、国民は北京ブルーの服や軍服を身につけて毛沢東語録一色。大衆娯楽といえば洋板劇《ようばん》（模範劇）しかありませんでした。

対外開放政策に踏み切ったのは一九七六年以降のこと。日本とは七二年九月に国交を正常化、七八年八月には真の友好関係の発展のために「日中平和友好条約」を締結しました。条約の第三条に「両国の経済的、文化的関係の一層の発展」とあり、日本映画も全面的に開放となりました。

翌七九年には高倉健主演映画『君よ憤怒《ふんど》の河を渉《わた》れ』（日本公開は七六年、中国での題名は『追捕』）が初上映、大ヒットを記録しました。

そして健さんは「男神《だんしん》（憧れの男性）」と称され、爆発的な人気を得ました。日本人女性の優しさにあふれながらも、奔放《ほんぽう》で小生意気なヒロイン・真由美を演じた中野良子も中国人の心をわしづかみにしたのです。

映画のソフトパワー

同映画は西村寿行の同名小説を原作としたサスペンスアクションです。真面目一辺倒だった東京地検の検事、杜丘冬人《もりおかふゆと》（高倉健）が冤罪《えんざい》を着せられ、捜査網をかいくぐりながら身の潔白を示す姿を描いています。

文革で迫害された人たちは、杜丘冬人と自身を重ね、健さんを自由の象徴と捉《とら》えます。

寡黙《かもく》で毅然《きぜん》とした杜丘の立ち居振る舞い、服装やサングラス姿は憧れの的となり、ある衣料品工場は健さんが映画で着用したスタイルのコート作りに着手。わずか半月で十万着完売し、そのベージュ色のコートは当時のおしゃれな中国人男性の代名詞となりました。

競争の激しい中国社会では器用で仕事もプライベートも充実させることのできる人が評価されるのですが、健さんを見てからは愚直で不器用な人でも一つのことに懸ければトップになり得るという職業観が定着してきました。

また、農業・工業・科学技術・国防の、いわゆる「四つの近代化」を目指していた中国にとって、マイカーやプライベートジェット、高架橋、地下鉄、最新のファッションやヘアスタイルの俳優が登場する同映画は衝撃でした。この映画を見た多くの中国人は、日本の繁栄を映像として見たことで、近代化への思いに拍車をかけました。

当時大学生だった筆者も、日本に対する憧憬《しょうけい》の念を一層強くしたものです。映画の大きな影響力があらためて認識されました。

日本人や日本社会を理解するきっかけにもなり見方が大きく変わり、観賞後、進路を変えた人も多数います。中国映画界の巨匠・張芸謀《チャンイーモウ》監督もその一人です。紡績工場で働いていた張は、杜丘を見て、シャツの襟《えり》を立てたり口数を減らしたりして、健さんの真似《まね》をしていたそうです。そして、工場を辞めて北京電影《でんえい》（映画）学院に入学します。

張監督のその後の大活躍は周知のことでしょう。いまの四十歳以上の中国人の八〇パーセント以上、つまり八億人超がこの映画を見たとされています。その影響は計り知れません。

再びの文化交流を

この映画を手掛けた佐藤純彌監督は、一九八二年に『未完の対局』、一九八八年に『敦煌《とんこう》』を中国で撮影し、日中映画交流に尽力しました。過去百三十年余りの歴史の中で、一九七〇年代、八〇年代の日中関係は蜜月期と言ってもいいほど政治、経済共に良好な関係にありました。

これはまさに、映画というソフト、そして健さんのような文化的潤滑剤となるスターが存在していたからにほかならないのです。振り返れば、一九八〇年代以降、日本のバレエ団や歌手などが中国と盛んに交流を行い、中国の京劇団なども毎年来日し日本で公演していました。それが今では日中の文化交流はめっきり減ってしまい、互いへの関心も薄れているような状態です。

先の張芸謀監督は、無骨で真面目な人柄の健さんの素晴らしさを中国人に紹介したいという思いを持っていました。十数年間の交流からついに二人のコラボレーションが実現したのは二〇〇六年のことでした。日中両国で失われつつある「絆《きずな》」をテーマとした映画の製作を目指し、完成したのが『千里走単騎』（日本名『単騎、千里を走る』）。

当時七十四歳だった健さんは高齢にもかかわらず、ずば抜けた演技力を見せ、見る者に大きな感動を与えました。

このことで、中国では再び日本映画ブームが巻き起こったのです。

礼儀正しい健さんは、雲南省《うんなんしょう》麗江市《れいこうし》での撮影の際、すべての関係者に挨拶《あいさつ》を忘れず、休憩の時にも椅子にはけっして座らず、他のスタッフに心配りしながら、立ち続けていたそうです。現地の中国人エキストラにまで丁寧《ていねい》に挨拶していた姿を見て、「こんなすばらしい俳優は中国にはいない」と、その人柄が高く評価されました。

健さんと中国との縁は映画を超えるものがありました。二〇〇六年四月には北京電影学院の客員教授に就任しています。『千里走単騎』の舞台となった雲南省が一一年に地震に遭った際、健さんは手紙とともにヒマワリの種を送っています。束《そく》河《が》村《そん》の村民たちは深く感動しました。八十歳になった時には、親友の招きで中国を再訪しファンとの交流を楽しんでいました。中国人と日本人に愛された友好の使者であり、まさに日中友好の体現者でした。今後も永遠に語り継がれることでしょう。

日中関係が複雑になっている時こそ、民間レベルの文化交流が必須です。日中両国に、多くの高倉健が出現することを願ってやみません。

砂漠緑化に懸けた遠山正瑛

鳥取砂丘で得た技術

中国の砂漠の緑化活動に命を懸けた日本人がいました。遠山正瑛《とおやませいえい》です。

遠山は「緑化は国境がない、造林は平和の元」という信念を持ち、八十三歳という高齢になって中国内蒙古《うちもうこ》自治区のクブチ砂漠を実地調査しました。この年、彼はクブチ砂漠のある恩格貝《おんかくばい》の地に移住し、鳥取砂丘の生態整備と農業開発で獲得した技術を砂漠緑化に応用し、大きな成功を収めました。

遠山は一九〇六年、山梨県南都留《つる》郡瑞穂《みずほ》村（現富士吉田市）で生まれました。六人兄弟の三番目で、小さい頃から意志が強く、頑固な少年でした。母の「世のため、人のために働いてくれ」という言葉を胸に、日川中学校（現山梨県立日川高等学校）から仙台の旧制第二高等学校（現東北大学）に入学します。

後に二高出身の先輩、菊池秋雄氏（京大農学部教授）の自宅を訪れた際「園芸をやるなら、京都帝国大学（現京都大学）だ」と勧められ、農学をやる決意を固め、京都大学農学部に入学。優秀な成績で卒業した後、外務省文化事業部の国費留学生として中国に派遣されます。

二年間、中国で農耕文化や植物生態を研究している過程で、山東省、河南省などの黄河流域の農業調査を行い、さらに内蒙古自治区の砂漠に足を踏み入れ、はるか地平線のかなたまで広がる砂の海を眼前にします。

そこで彼は、砂漠の中でも赤いケシの花や野菜が栽培されていることに驚き「砂漠は、草木が育たない不毛の地だ」という固定概念は打ち砕かれたのです。砂漠にもすばらしい生産力があることに気づき、「水さえあれば、砂地こそ農業開発に最も適している」と確信し、中国の砂漠を緑化するという夢を持ち始めました。

砂漠について見聞を広めたものの、三七年に日中戦争が勃発《ぼっぱつ》し、遠山は帰国を余儀《よぎ》なくされ、鳥取高等農林学校（現鳥取大学農学部）の教員として赴任。そこでも砂地農業の研究に取り組みます。鳥取砂丘の生産緑地化に心血を注ぎ、二十四万ヘクタールの砂丘を農地化、スプリンクラーを日本で初めて導入して、メロンや梨、ブドウ、イチゴなどの果物の栽培に成功しました。

その後、国立沙漠開発研究所を創設し、所長を務め、名実ともに日本の砂地農法・砂漠緑化の第一人者となり「砂漠緑化の父」と呼ばれるようになりました。

「緑色大使」称号

「中国での砂漠緑化」という彼の夢はいったん戦争によって打ち砕かれたかに見えましたが、七二年の日中国交回復が、夢の実現を可能なものにしました。彼はこの機に鳥取大学を退官し中国の砂漠緑化の研究に専念したのです。七九年夏には「中国西域学術調査団」に参加。シルクロードに沿って砂漠を視察し、日本のボランティア数十人と共にゴビ砂漠にポプラの木を植え始めました。

八四年、七十七歳の遠山は、「沙漠開発研究所」を鳥取に開設。さらに中国沙漠開発日本協力隊を編成し隊長となります。同年、中国科学院（科学アカデミー）の要請を受け、寧夏回族《ねいかかいぞく》自治区の沙坡頭《さはとう》に五ヘクタールのブドウ園を建設し、成功を収めました。

さらに日本沙漠緑化実践協会を東京に設立。全国から「緑の協力隊」を募り、クブチ砂漠に派遣し、二万ヘクタールの植林を開始しました。「緑の協力隊」の植林作業の結果、砂漠は見事に緑の大地に蘇《よみがえ》りました。下草も生え野生動物も住み始め、生態系を取り戻した後は、農場で稲、麦、野菜、花卉《かき》等を栽培。果樹園ではブドウ、リンゴなどの果物を増やし、不毛の砂漠は生産可能地域に生まれ変わったのです。

現地の人たちは、農作業などを通して現金収入を得られるようになり、生活が豊かになりました。「愚公移山（愚公、山を移す）」の奇跡です。

このような遠山の情熱と人格に動かされ、十年間に延べ七千人の日本人ボランティアが自費で恩格貝を訪れ、緑化活動に参加してきました。中国郵政省は一九九五年、砂漠緑化の記念切手セット四種三十万通を発行し、その発行記念式典が恩格貝で挙行されました。そして中国政府は遠山に「緑色大使」の称号を授与しました。

九五年八月までに恩格貝には百万本のポプラが植林され、遠山は九十歳になっても、年間三百日、一日十時間近く現地で植林の陣頭指揮を執っていました。植えられたポプラは三百五十万本を超えているそうです。現在、恩格貝の緑化面積は四〇パーセントを超え、四つの貯水ダムによって水源が確保されています。「生態旅行区」も建設され、中国政府は恩格貝を「生態建設モデル地区」に選定しました。

日中友好と世界平和

遠山は「地球環境も食糧問題も日中は運命共同体」、また「砂漠緑化は食糧増産につながり、戦争を防ぎ、世界平和への道だ」と強調し、日本と中国が協力して環境保全に努めるよう呼びかけ続けました。さらに「日中友好は口先だけではなく、実際に行動しなければならない」と、砂漠緑化を通して日中友好にも大きく貢献しました。

一九九六年、時の国家主席江沢民《こうたくみん》は遠山を訪ね、友好の固い握手を交わします。砂漠緑化への貢献は高く評価され、クブチ砂漠の入り口の広場に、遠山の功績を顕彰して、高さ二メートルの台座と高さ四メートルの銅像を建てています。台座には「遠山先生は砂漠化防止を世界和平に通じる道と考え、九十歳の高齢でありながらたゆまず努力し、志《こころざし》を変えなかった。この精神は尊敬すべきであり、志は鑑《かがみ》とすべきであり、功績はたたえるべきである」と刻まれています。

遠山は二〇〇四年二月二十七日、九十七歳で帰らぬ人となりました。遺言に従って、遺骨は故郷ではなく恩格貝に埋葬されました。彼がいかにこの地に思い入れがあったかがうかがいしれます。遠山の遺志を継ぎ、現在も沙漠緑化実践協会は植林を続けています。長男の遠山柾雄《まさお》氏は、父の情熱を受け継いで同じ道に進み、メキシコやエジプトなど世界の砂漠を飛び回りながら各地で農業指導を続けています。

恩格貝の植林事業と遠山の足跡は、中国のマスコミに大きく取り上げられ、多くの中国人は遠山の不屈の精神に感動しています。

植林ボランティアを通じた「友愛、助け合い」の遠山イズムが日中両国民に継承されているのです。

第五章　日中文化の絆

日中友好の先駆者・鄭成功の魂

長崎に生まれる

一六二四年七月十四日、長崎県平戸海岸千里ヶ浜に貝拾いに行った田川七《たがわしち》左衛門《ざえもん》（安土桃山〜江戸時代の平戸藩の武士）の娘マツは、にわかに産気づき千里ヶ浜の岩にもたれて鄭成功《ていせいこう》を産み落としました。この岩は「鄭成功児誕石」といわれています。

後に中国明《みん》代を代表する英雄として讃《たた》えられる軍人・鄭成功は日本人の母を持ち、日本で生まれたのでした。父の鄭芝龍《ていしりゅう》は福建省泉州市南安晋江安平《なんあんしんこうあんへい》の裕福な海上貿易商で二十歳から平戸に居住し、日本人と手を組み巨万の富を築きマツを娶《めと》りました。

鄭成功は七歳まで平戸で暮らし、父親の出身地福建省の南安に渡り、当時、泉州四大の著名な学府の一つであった朱子祠《しゅしし》、別名「石井書院」で中国の伝統的な儒教思想、忠義思想の薫陶《くんとう》を受けました。

名前も「福松」から「森」と改名。その後、孔子を拝して儒服を授けられ

十五歳で南京《なんきん》の国子監《こくしかん》大学（隋の時代から中国の最高学府）に入学し、さらに名を「大木」に変え、二十一歳の時、謁見《えっけん》した隆武帝《りゅうぶてい》（朱聿鍵《しゅいっけん》）から明皇帝の姓である「朱」姓、「成功」という名を賜ったため、人々から「国姓《こくせん》爺《や》」と呼ばれるようになりました。

隆武帝の死後に、一六五五年、南明《みん》の永歴帝は鄭成功を「延平郡王」に封

じました。日本名は和唐内《わとうない》（和藤内）とされました。これは、和でも唐でもない（内）というダジャレに由来するといわれています。

鄭芝龍は明王朝からの信頼が厚く、明王朝の大官にもなりました。しかし一六四四年、明王朝最後の皇帝崇禎帝《すうていてい》が自殺したとたん、皇族の「唐王」は福建省に逃《のが》れ、独立王国を建てたため鄭芝龍はそれを応援し、ほどなく南下して来た清《しん》朝軍に敗れて清朝に降参しました。

一方、一六四五年に福建省に移り住んだマツは、実に十五年ぶりの母子再会を果たしました。しかし、ほどなくして清朝軍の攻撃による泉州城陥落に際し城内に残されてしまいます。

清朝に投降してしまった鄭芝龍とは違い、マツは息子の「抗清復明《こうしんふくみん》」の立場を貫徹し、自害の道を選びました。最期まで忠誠を尽くしたマツの生涯は、多くの人に感銘を与えています。

この時、鄭成功は父親と袂《たもと》を分かち、母親の遺志を受け継ぎ「抗清復明」を旗印に戦い続けます。清朝軍の圧倒的な軍事力で福建省が攻撃され敗退するも、廈門《アモイ》、鼓浪嶼島《コロンス》、金門島《きんもん》を根拠地として軍事力をたくわえ、一六六一年、台湾に進攻します。

そして、台湾全島を長く占拠していたオランダ人を完全に駆逐《くちく》し、台湾の解放に成功しました。台湾で漢民族初めての行政政府を設置しましたが、翌六二年、病に倒れ三十八歳の若さで生涯を閉じました。

人形浄瑠璃「国性爺合戦」

人形浄瑠璃《じょうるり》「国性爺合戦《こくせんやかっせん》」は、近松門左衛門《ちかまつもんざえもん》の代表作の一つで、鄭成功を題材とした全五段の作品です。一七一五年の初演で連続十七カ月にもわたるロングランを記録し、後に文楽や歌舞伎でも上演され現在に至るまで親しまれている演目の一つです。

近松は狂言の「国性爺後日合戦」や「今国性爺」を残し、日本の演劇界で不動の地位を築き上げました。一九四〇年には映画『国姓爺合戦』が上映され、中国でも二〇〇一年に同タイトルで映画化されています。中国では漢民族の稀代の英雄として讃《たた》えています。

二〇一〇年秋には、国立劇場で歌舞伎の「国性爺合戦」が上演されました。市川團十郎は、鄭成功をモデルにした和藤内を見事に演じ、現代版「国性爺合戦」が復活。歌舞伎ファンを大いに魅了しました。

十六世紀以降、欧州列強が押し寄せ、オランダの植民地となっていた台湾を奪還したことは、ヨーロッパに負け続けてきたアジアにとっては前代未聞の快挙ですから、国姓爺のストーリーが日本人を魅了するのでしょう。今日、中国では、鄭成功を民族英雄として尊敬し、台湾では「開発始祖」と呼び、台湾を解放した英雄として崇拝《すうはい》されています。

東日本大震災の際、台湾からの義援金の総額が二百億円を超えたことは、日本人の母親を持つ鄭成功が台湾の開祖英雄と崇《あが》められているところにも、その根源があるのではないか、と私は想像しています。

地域・国を超えた英雄

鄭成功は「抗清復明」の理念で台湾を奪取した後も、清王朝とは敵対関係にあり続けていました。鄭成功死後、一六八三年に台湾は清王朝の統治下となりましたが、鄭成功の台湾解放の壮挙は国民の心に浸透し、清王朝でさえ鄭成功を忠君として讃《たた》え、廟《びょう》や祠《ほこら》の建立も許可せざるを得ませんでした。

鄭成功が台湾に進攻した時、台南の鹿耳門《ろくじもん》に上陸したことで、台南市には廟や祠がたくさん存在しています。鄭成功とその一族を祀《まつ》るために建設された「開山王廟」は一八九六年に「開山神社」に改称され、現在は「延平郡王祠」という名称で親しまれています。

また、一六六三年に鄭成功の長男・鄭経《ていけい》が造った祠「鄭成功祖廟」も台南市の名所となっています。中国でも廈門と鼓浪嶼島の海峡に鄭成功の巨大な石像がそびえ立ち、廈門港を見渡しています。

現在、鼓浪嶼島には鄭成功の台湾奪還三百周年を記念するために建てられた「鄭成功博物館」があります。文物、絵画、模型、彫像などの展示を通じて、鄭成功が兵を率いてオランダ植民者を追い払い、宝の島・台湾を奪還して建設した輝かしい業績を詳しく紹介しています。
台湾に出兵する前の駐屯地、金門島にも「延平郡王祠」という寺院が存在しています。

鄭成功の父親鄭芝龍の出身地である中国南安市にも「鄭成功記念館」があります。日本でも、二〇一三年七月十四日に長崎県平戸市の生家に「鄭成功記念館」が開館し、毎年七月十四日の鄭成功誕生の日には「鄭成功まつり」が開かれていることは、特筆すべきことと思います。

平戸の鄭成功記念館の開館記念式典には、平戸市長はじめ、鄭成功にゆかりのある中国福建省南安市、台湾台南市および台湾金門県など各地から約百五十人が出席し、鄭成功の生誕祭を祝い、平戸市と台南市台日友好交流協会との市民交流促進協定を結び、今後交流をより深めていくことを約束しました。福建省南安市は鄭成功の原籍地で、長崎の平戸を離れてから移り住んだ場所でもあり、一九九五年に平戸市と南安市は姉妹都市になりました。

日本にも中国にも縁の深い鄭成功がかつて築いた中国、台湾、日本の友好関係は民と民の心が触れ合う関係です。

これからも日中友好の懸け橋の先駆者である鄭成功をより一層大切に、後世に語り継いでいきたいものです。

私の出身地である廈門でも鄭成功の知名度は抜群で、アジアの英雄として人々の心の中に生き続けています。

文化使者としての隠元

六十三歳で来日

江戸時代、幕府は鎖国政策をとっており、日本の臨済《りんざい》・曹洞《そうとう》の禅宗は衰退していました。当時、唯一開かれていたのは長崎に築造された人工島・出島だけでした。

当時、長崎で貿易を行っていた中国福建省出身の華僑《かきょう》が福州から超然《ちょうねん》を招《しょう》聘《へい》して創建した崇福寺は、明朝の新たな禅宗の伝来を願い、住職として隠元《いんげん》の法嗣《ほうし》である也懶性圭《やらんしょうけい》を招請します。

也懶はこれに応じて一六五一年六月、福建省廈門《アモイ》を出航しましたが、まもなく暴風雨に見舞われ遭難してしまいました。
その後、当時、福建省黄檗《おうばく》山萬福寺の住職として禅宗の重鎮《じゅうちん》であった隠元の名声が日本にも伝わってきました。

そこで、隠元に禅宗再興の希望をかけ、日本最古の唐寺である長崎の興福寺第三代逸然《いつねん》をはじめ、長崎の唐寺と檀家《だんか》たちが隠元を推挙し、三回も中国に渡って来日を懇願しました。すでに六十三歳だった隠元でしたが、也嬾の遭難で、やむなく招請に応じて渡海を決心します。

一六五四年、鄭成功《ていせいこう》が隠元のために廈門から船を仕立て、隠元は弟子二十数人をはじめ、仏師、絵師など職人も一緒に引き連れて乗船し、長崎へ向けて出発。同年七月五日に長崎港に入港し、興福寺に赴きました。数千の僧俗や長崎奉行が参謁《さんえつ》した記録が残されています。

翌年には、崇福寺でも法を説き、日本の僧侶の質問に丁寧に答え、座禅の教えを広めます。次第に日本中に名が広がり、その新鮮な明朝禅《みんちょうぜん》と徳を慕って、各地から何百人もの学徒が参集したため、興福寺は宿泊施設を建増して彼らを住まわせたといいます。

世に名を知られ各地から寄進が集まり、隠元は山門を建立しました。そして自ら筆をとり「東明山」の額を書き、これを興福寺の寺号としました。これが興福寺中興の開山のきっかけとなりました。

来日三年後に帰国する予定でしたが、一年滞在した隠元は、京都妙心寺の竜渓《りゅうけい》ら日本側の信奉者たちの働きかけにより上京、第四代将軍徳川家綱に謁《えっ》を賜《たまわ》り、勅《ちょく》を承《う》けて日本にとどまることを決めました。

一六六一年、幕府によって京都宇治に広大な土地を与えられ、故郷黄檗山の山号寺号にちなんだ同名の黄檗宗大本山萬福寺を開山、僧俗貴賤とわず、さまざまな人々と交わり、慕われながら、八十一歳の永眠までこの地にとどまりました。

斬新な文化をもたらす

萬福寺が創建されて、将軍家綱はいち早く隠元に帰依、後水尾《ごみずのお》天皇や諸国の大名など帰依者は後を絶ちませんでした。隠元は、黄檗宗僧侶の生活規範を集めた「黄檗清規《しんぎ》」を著し、叢林《そうりん》の規則を一変させるなど日本の仏教界に大きな刺激を与えました。

黄檗宗は、臨済宗の系統ですが、禅宗には珍しく念仏を使い、中国からの伝来ということで、経典などの用語がすべて中国読みになるのが特徴です。隠元の来日により、日本の禅はその厳しい戒律を見て大きな影響を受け、それぞれが新たな自己改革をしていくことになったのです。

また、隠元がもたらした明朝禅は、徳の威儀を持ち、念仏禅を特徴としま
す。これも当時の禅宗界に影響を及ぼし、臨済、曹洞二宗の復興運動にも刺
激を与えました。そのほか、建築や書画など明朝の文化ももたらし、日本に
定着しました。

お茶を飲む習慣を持ち込んだ栄西《ようさい》、沢庵《たくあん》漬《づ》けの沢庵など、禅僧と食事は密
接な関係にあります。隠元もまた、さまざまな食文化を伝えています。
たとえば、煎茶《せんちゃ》（釜炒《かまい》り茶）です。それまで日本では、茶葉をすり潰《つぶ》して
お湯に混ぜて飲む抹茶《まっちゃ》と、茶葉を煮込んで飲む煮茶が主流でした。

釜炒り茶は明の時代に中国で新しく考案されたもので、大きなヤカンで沸
かしたお湯に、銅釜で炒《い》った茶葉を加えて煮出し、急須《きゅうす》に入れて、湯のみに
注いで飲みます。

黄檗宗では法要の後に参列者に振る舞います。隠元によって、お茶の文化が庶民に広がるきっかけが作られました。

また、中国から日本に渡来した中国式精進《しょうじん》料理を改善し、和式とは趣《おもむき》を異《こと》にした、見栄《みば》えのあざやかな「普茶《ふちゃ》料理」を広めました。インゲン豆、スイカ、タケノコ、レンコン、寒天、落花生、金針菜《きんりんさい》などの植物、胡麻《ごま》豆腐、胡麻あえ、精進揚げ、けんちん汁などの料理は、普茶料理に生かされるだけでなく、一般的な家庭料理として普及していきました。

黄檗宗では煎茶を飲んだ後、四人掛けの机と椅子で、上下の隔てなく親睦《しんぼく》をはかりながら大皿料理を分け合って食べます。

一人一膳で身分の順に並び正座で食す、という日本の食習慣に新風を吹き込みました。

ほかに、十行×二十字詰めの原稿用紙。いま日本で広く使われている「明《みん》朝体《ちょうたい》」は中国明の時代の木版印刷の文字で、これも隠元によってもたらされました。飯梆《はんぽう》、木魚《もくぎょ》、小鼓《しょうこ》、銅磬《どうけい》、銅鑼《どら》鼓《こ》などのお寺の道具もそうです。文物は美術、医術、伽藍《がらん》建築、音楽、史学、文学、印刷、煎茶、普茶料理など広範囲にわたり、宗教界にとどまらず江戸時代の文化全般に影響を及ぼしたのです。

源遠流長の文化交流

江戸幕府の崇敬《すうけい》を得て建立された斬新な黄檗山萬福寺は、中国明代の臨済宗として日本に伝わりました。

当初「臨済宗黄檗派」と称していましたが、一八七六年、一宗として独立し「黄檗宗」を公称するようになりました。

儀式、作法とも中国式であることから、鎌倉時代からの日本の臨済宗とは異なるため、独立して一宗派を成すに至りました。現在日本でいう「禅宗」は、臨済宗、曹洞宗、黄檗宗の三宗に分類されています。

隠元が亡くなった四月三日を「インゲン豆の日」にして、各地で記念行事が行われています。「隠元茶」「隠元菜」など食品にも名前を残しています。一九五六年一月、全日本煎茶道連盟が結成され、月刊誌『煎茶道』も創刊。各地で茶会も開かれ、日本の伝統文化としての煎茶道の普及、発展のための活動が続けられています。

隠元がもたらした中国の文化を、日本人は自分たちの生活と融合させながら、独自の価値観、精神性、美意識をもって確立させてきました。日本文化を代表する茶道・能・俳諧・武士道・日本建築・日本庭園なども、歴史をひもとけば、隠元と密接なつながりのあることがわかるでしょう。

中国と日本の文化交流の端緒となった隠元の足跡は、日本人の生活に深く浸透しているのです。

赤穂浪士・武林唯七

中国人の血統を引く

年末になると、テレビなどで新作の「忠臣蔵」が放送されます。義士の生きざまは日本人にとって宝であり、『仮名手本忠臣蔵』は枝葉を増し、時代を超えて連綿と語り継がれています。その義士の一人に、中国人の血統を引いている人物がいます。武林唯七《たけばやしただしち》です。

唯七の祖父である孟二寛《もうにかん》は中国浙江《せっこう》省杭州府武林に生まれ、医学を学んで育ちました。孟子の六十一代の子孫に当たります。

孟二寛の来日については、長門《ながと》に漂流した説と文禄《ぶんろく》の役の日本軍と中国明《みん》軍との戦いで捕虜として日本に連れられてきた説とがあります。日本での活動は異説がありません。広島にある墓碑には「長門国に漂流」と書かれていますので、本稿は漂流説を採用します。

長門に漂流してから、一時、長門国に仕えた後、一六四三年、青木甲斐守《かいのかみ》重兼《しげかね》によって広島藩召し抱えとなり、一六五七年に死去しました。いわゆる寛永の渡来人で、漢方に通じ、書と文をたしなむ知識人でした。

孟二寛は日本では、故郷の地名にちなんで武林《たけばやし》治庵《ちあん》と名乗り刀圭家《とうけいか》（医者）となりました。先妻との間に「与市」という子をもうけ、与市の家系は広島に居住し、武林という姓を名乗ります。

また、後妻（浅野家臣渡辺吉左衛門の娘）と結婚し、渡辺と名乗り、平右衛門が生まれ、赤穂の浅野家に仕官し、平右衛門自身は赤穂藩に縁の深い北川久兵衛の娘を妻として半右衛門と唯七兄弟が出生しました。

南湘院墓地（広島市西区）にあった孟二寛の墓は原爆に遭い、西福寺墓苑（広島市南区）に移されています。墓碑の正面には「赤穂義士武林唯七祖父治庵之墓　在南湘院」と書かれ、裏面には「治庵名士大明杭州武林郡人漂流仕長門國称孟二官後仕藝藩為医官改武林治庵明暦三年丁酉五月十八日病死實亜聖孟子六十一世裔也」と刻まれています。

赤穂浅野藩へ

赤穂浅野家の家系は広島浅野家の傍流の一つで、浅野長政の三男長重を祖とする家柄です。長重の嫡男長直は、常陸国《ひたちのくに》笠間藩主を継ぎ、さらに赤穂藩へと転じることになり、赤穂浅野家五万三千石が始まります。二代目は嫡男長友、三代目は長矩《ながのり》です。

室町時代の日本の対明貿易が朝貢《ちょうこう》貿易の形を取り、「勘合符《かんごうふ》」を携えての交易であったことはよく知られています。ゆえに勘合貿易と称され、一五五〇年まで続きました。

勘合符は倭寇《わこう》と区別して正式な遣明使船であることを証明するために用いていました。

その後、浙江《せっこう》、江蘇、福建省を中心とした中国商人の私人海上貿易へと移り、商人たちは競って豊後や平戸、薩摩《さつま》の地を訪れ始めます。この日明貿易で長州藩毛利氏らは莫大《ばくだい》な利益を上げました。明末清初には多くの学者、商人、船員が日本に逃れてきました。

鎖国以後、日本人の中国訪問はできなくなりましたが、中国人の両国間の行き来は、わずかながら続いていました。それで、毛利輝元が広島の建設を進めた時、毛利領である箱島（現在の広島市中区白島《はくしま》）には多くの中国船が停泊していました。

毛利藩の中に中国人と極めて密接な関係にあった人物がいたと考えられます。毛利藩は日明交易を盛んに行っていました。

当時、杭州の建設技術は非常に進んでおり、毛利輝元の広島建設には杭州の建設技術が積極的に取り入れられました。


赤穂移転後の広島浅野藩にとって、最大の関心事は赤穂の城郭を建設することでした。武林唯七の父親にあたる渡辺平右衛門は土木水利技術を持っていました。

赤穂浅野藩との結びつきが芸州浅野藩の仲立ちにあり、その目的は赤穂の築城に関する土木水利技術の指導にあると考えられます。

なぜなら、杭州も広島も赤穂も砂州《さす》の上に築かれた都市であり、これが唯一の共通点だったからです。

赤穂城は明治維新後ほどなく廃城になり、一九二七年に赤穂中学・高校が創設されました。その後、城跡は国の史跡に指定され、赤穂中学・高校は史跡指定地外に移転しました。

八二年には、跡を史跡公園として整備するために行われた発掘調査によって、御殿の南と中庭に二つの中国式庭園が発見されています。

孟二寛の子・渡辺平右衛門は二十石五人扶持《ぶち》の中小姓で赤穂浅野家に仕えました。渡辺平右衛門の次男唯七は別家・武林家を立て、内匠頭《たくみのかみ》に仕えて、わずか十両三人扶持の小禄を領し、近侍《きんじ》に使われ、小姓《こしょう》を務めていました。慷慨《こうがい》義烈《ぎれつ》にして文武の道にも通じた名士でした。親子二代とも赤穂浅野家の家来です。

赤穂義士として

武林唯七は浅野長矩刃傷《にんじょう》事件当時、江戸にいましたが、いちはやく赤穂に戻り、大石内蔵助《くらのすけ》一党に加盟しました。義挙に参加してからは江戸に上り、堀部安兵衛とともに急進派として活躍します。

兄渡辺半右衛門は病気の両親の面倒を見るため渡辺家を継ぐことになり、義士になりませんでした。

四十七士に加わった唯七は、討ち入りの際は表門組に属し、片岡源五右衛門、富森助右衛門と四人一組になって、屋内に突入し、物置小屋の炭俵に潜んでいた吉良上野介《きらこうずけのすけ》を間《はざま》十次郎が槍で突き、続いて唯七が太刀で討ち果たし、亡君仇討ちの悲願を達成しました。

この功績により、東京高輪泉岳寺では上野介の首級を内匠頭の墓前に供えて仇討ちを報告し、一番槍をつけた十次郎が最初に焼香して、唯七が二番目に焼香しました。

義挙後、唯七は毛利甲斐守に預けられ、一七〇三年二月四日、幕府の命により、切腹。三十二歳でした。

唯七は、赤穂四十七士の中で、唯一漢詩（偶成《ぐうせい》）を詠《よ》んで、辞世の詩としました。

「三十年来一夢中、捨生取義幾人同、家郷臥病雙親在、膝下奉歓恨不終」（現代語訳：わが三十年の生涯は、夢にひとしい。生命を捨てて、義の為に生きようとする同志の人たちも、それは同じだ。ただ、自分には、故郷で病床についたままの両親がいる。その両親のそばで孝養をつくすことさえ、許されぬまま、先立って命を捨てることが、どうにも心

残りである）

辞世の句も残しています。

「仕合《しあわせ》や死出《しで》の山路《やまじ》は花ざかり」

武林唯七は出自《しゅつじ》にこだわることなく、彼を育《はぐく》んだ日本の国柄を理解し、義士の精神を受け入れました。義に生きた彼の名は日本と中国で、後世まで語り継がれていくでしょう。

楊貴妃伝説

古代中国の四大美人

日本でも名高い楊貴妃《ようきひ》は、千三百年前の唐《とう》代の美女で、古代中国の四大美人の一人とされています。姓は楊で、幼名は玉環《ぎょくかん》です。

七一九年六月一日に蜀《しょく》（現在の四川省）の下級官吏の楊玄淡《げんたん》の四女として生まれましたが、両親が早逝《そうせい》したため、同じ下級官吏だった叔父の楊玄璬《げんげき》に育てられました。

幼少期から美貌の持ち主で、賢く、音楽や舞踏にたけて、周囲の人々に愛されていました。四川省には楊貴妃が幼い頃に誤って落ちたと伝えられる「落妃池《らくひ》」という池が現存しています。

十七歳にして、二十三歳の玄宗《げんそう》皇帝の第十八王子寿王李瑁《りぼう》の妃《きさき》として迎えられました。約四年間の結婚生活を送りましたが、王子との間に子は授かりませんでした。

七三七年、玄宗皇帝最愛の妃であった武恵妃《ぶけいひ》が亡くなった後、玄宗は意気消沈し、寝食もままならず、痩せ衰えていきました。

当時、後宮には美女が三千人いたといわれますが、寂寥《せきりょう》感に打ちひしがれた玄宗の心にかなう女性は現れません。

そこで、玄宗は宦官《かんがん》の高力士《こうりきし》に命じて、新たに美女を探させました。高力士はこともあろうに武恵妃の容貌に似た豊満な玄宗の皇子寿王李瑁の妃、楊玉環に白羽の矢を立てます。

七四〇年秋、長安郊外の温泉地華清池《かせいち》で、すでに面識のあった息子の嫁に再会した玄宗は、たちまち彼女の魅力の虜《とりこ》となってしまいました。その時、楊玉環二十二歳、玄宗は五十六歳。三十四歳もの年の差がありました。

いくら皇帝とはいえ、息子の嫁を父が奪うというのは前代未聞の暴挙であり、世間体が悪いため玄宗は小細工を弄《ろう》します。表向きでは、玉環は道教の寺に道号「太真《たいしん》」として尼になりますが、実際には宮廷内にかくまわれていました。

七四五年三月にようやく玄宗は正式に玉環を皇帝の妃として迎え、彼女に「貴妃」の称号を与えました。「楊貴妃」の誕生です。「貴妃」とは後宮の位で、皇后に次ぐものです。

楊貴妃は二十七歳、玄宗皇帝は六十一歳でした。

一方、愛妃を実父に強奪された寿王李瑁の心境はいかばかりであったろうか。想像を絶するところです。

唐は滅亡寸前に

三千人の宮女には目もくれず、皇帝が楊貴妃を見そめたのは、美しい容貌と豊満な姿態を持つばかりではなく、歌や踊りに優れ、あらゆる楽器を自由自在に奏するなど芸術の才能があったからでしょう。公式に迎え入れられた楊貴妃と玄宗は、温泉の湧き出る華清宮《かせいきゅう》に離宮を築いて移り住み、豪華絢爛《ごうかけんらん》な生活を送りました。

日がな一日、歌や踊りに明け暮れ、花弁をかたどった楊貴妃専用の浴室に入りびたり、楊貴妃は玄宗の寵愛《ちょうあい》を独り占めにしました。

玄宗は楊貴妃の望むことはどんなことでもかなえました。中国南方の広東省と福建省にだけ生えている果物茘枝《れいし》（ライチ）は楊貴妃の大好物。保存期間が短く、採ってから最大三日しか鮮度が持ちません。

玄宗が長安から二千キロも離れた広東省から早馬を走らせてまで、愛する楊貴妃のために取り寄せたことは有名です。

皇帝の寵愛を受けたことで、楊一族が政治の重鎮を占め、兄弟姉妹がことごとく領土を占領し、教養の低い兄・楊国忠《こくちゅう》さえ、宰相《さいしょう》の地位にまで登用され、目を見張るばかりの権勢を誇りました。

玄宗は人文や自然科学に通じ、四十年間、国民のためになることを率先して行っていました。たとえば、死刑制度の廃止、貧民や病人のための病院の建設など善政をしき続けました。

国民の信頼も厚く、中国を世界に冠たる大唐帝国に仕立て上げました。開元の治を讃《たた》えられていた玄宗ですが、楊貴妃の出現により今までの政治への情熱を失ってしまいます。

「傾城傾国《けいせいけいこく》」の絶世の美女のために、強大だった唐は滅亡寸前にまで追い込まれてしまいました。

もっとも、楊一族による権力の横暴も長くは続きませんでした。七五五年十一月、犬猿の仲であった安禄山《あんろくざん》（＝楊貴妃の養子）が反乱を起こし、十二月、洛陽が陥落し、首都長安に迫ってきました。

半年後の六月十三日、恐怖におびえた玄宗は楊貴妃らを引き連れて長安を脱出し、楊貴妃のふるさと蜀の都、成都に向かう途中、兵士らの不満が爆発。楊国忠が殺され、楊貴妃の三人の姉も惨《みじ》めな最期を迎えます。

そして、「楊貴妃を渡せ」と取り囲まれた玄宗は、唐の王室を守るため悩み抜いたあげく、楊貴妃に死を命じました。

玄宗に寵愛されて十年、楊貴妃は、高力士によって絹で首を絞められて殺されました。愛と波乱に満ちた三十八年の人生に終止符を打ちました。

日本各地に楊貴妃の里

楊貴妃の墓は西安から西に六十キロほどの馬嵬《ばかい》にありますが、楊貴妃の伝説は日本の各地にも残されています。

山口県長門市油谷町には、楊貴妃が阿倍仲麻呂に助けられて日本に亡命してきた伝説が存在し、二尊院に楊貴妃の墓五輪塔が現存しています。一九九三年には、ふるさと創生事業として「楊貴妃の里」が造られました。

京都の泉涌寺《せんにゅうじ》には、楊貴妃観音が安置されています。この観音菩薩坐像は楊貴妃死後に玄宗が造らせたとされ、同寺の湛海《たんかい》宗師が留学を終えて帰国する際に持ち帰ったとされています。

名古屋市にある熱田神宮の明神の化身であるという伝説も残されています。勢力を強める唐が侵略してくることを恐れた日本の神々が送り込んだ刺客（女神の化身）であるという説もあります。

熊本県新和町には「楊貴妃」という地名があり、楊貴妃は天草に漂着し竜洞山で生活して、地域の流行病を唐の知恵で解決して崇《あが》められたという伝説まで残っています。

竜洞山には二〇〇六年三月に銅像が建立されました。

和歌山県龍神村の龍神温泉では、楊貴妃の美しさを「柳眉《りゅうび》」や「柳腰《やなぎごし》」と讃えています。「柳」は楊貴妃の「楊」と同じ意味です。「龍神」と「柳人」が同じ発音であることに由来しているようです。

中国唐の詩人、白居易《はくきょい》によって作られた長編の漢詩「長恨歌《ちょうごんか》」は玄宗と楊貴妃のエピソードを歌っており、「馬嵬坡《ばかいは》下泥土中、不見玉顔空死処」の詩句があるように、楊貴妃は埋葬されていないとされています。

日本各地に楊貴妃伝説が現存することが中国で知られるようになってから、日本に逃れたという説が中国に定着しつつあります。

その説を採用し、二〇〇三年には京劇、〇六年にはオペラ、一〇年にはテレビドラマが制作され、最近も歴史ドラマ「武媚娘《ぶびじょう》伝奇」が大ヒットしました。

「長恨歌」は楊貴妃死後五十年の八〇六年ごろに詠《よ》まれ、続いて陳鴻《ちんこう》が小説

『長恨歌伝』を制作して以来、さまざまな作品が生まれました。

日本でも井上靖が楊貴妃の生涯をもとに『楊貴妃伝』を執筆、二〇〇四年には宝塚歌劇団が舞台化しました。

日本人は歴史的に唐の文化に深く影響を受けているため、現在でも唐に関する文化は受け入れやすいのかもしれません。

「長恨歌」に詠われた「在天願作比翼鳥、在地願為連理枝」のように、日中関係が「翼を並べた二羽の鳥」になることを望みます。

文化交流の創始者・徐福

憧れの日本へ

紀元前三世紀、日本は縄文時代から弥生時代への転換期、中国には秦と呼《しん》ばれる史上初の統一王朝が現れ、秦の始皇帝が強大な力で支配していました。天下統一後の始皇帝は、神仙の道に心を奪われ、特に「不老不死」の薬探しに躍起《やっき》になっていました。

徐福《じょふく》という人物に、薬探しの白羽の矢が立ちます。徐福は、遠大な計画を立てます。

始皇帝に徐福が「海中に蓬莱《ほうらい》、方丈《ほうじょう》、瀛洲《えいしゅう》という名の三神山があり、仙人がそこにいる。斎戒《さいかい》し子どもの男女を得て、これを求めさせていただきたい」と具申《ぐしん》したところ、始皇帝は彼に航海を命じました。

そこで、徐福は「私は海のなかで大神を見た。秦王の礼が薄いので、見ることはできても取ることはできないと言われ、海神は、良家の男女の子どもとさまざまな道具類の仕えをもって、これを得ることができる」と偽《いつわ》りの報告をしました。

始皇帝は大いに喜び、これを信じて、再度渡海を命じました。

司馬遷《しばせん》の『史記』の「秦始皇帝本紀」と「淮南衡山列伝《わいなんこうざん》」には、「童男女三千人とこれを支える五穀の種々、さまざまな道具類をのせて派遣し行かせたが、徐福は平原広沢《へいげんこうたく》のある所を得て王になり、とどまって帰ってこなかった」と記されています。

三神山の一つ瀛洲はのちに日本を指す名前となり、いまでも日本のことを

「東瀛《とうえい》」と言います。北宋の政治家、詩人でもある欧陽脩《おうようしゅう》（一〇〇七～一〇七二年）は「日本刀歌」という詩にこう記しています。

「伝え聞くところによると日本の国は大きな島であり、土地は沃《こ》えて風俗はよい。その昔、徐福は秦の始皇帝に仙薬を取ると偽って、童男童女五百人余を率《ひき》いて日本国に渡ったが、久しく滞留して皆、年を取ってしまった。（中略）徐福が行ったときにはまだ焚書《ふんしょ》が行われていなかったので、中国では失われてしまった孔子が書いた書経百篇がいまなお日本に存在している」

刀の外装や容貌《ようぼう》などの美術的価値の高さを評価し、豊かで気風がよい国だと歌っています。宋の文人にとって、日本がいかに魅力的なところかがうかがいしれます。

かつ、不老不死の薬を求めて日本に渡海した徐福が「焚書坑儒《こうじゅ》」前の書物を多く日本に持ち込んで、大切に保存されていることを連想したようです。

秦のはるか東の海にある瀛洲という国は、中国人のあこがれの地であり理想郷という存在でした。

日本に残る徐福伝説

徐福が航海の末にたどり着いたのは「平原広沢」（日本）であり、農耕、製紙・漢方などの技術を伝え、日本の発展の大きな礎《いしずえ》を築いたと言われています。現在も徐福伝説は国内の十七都府県、三十二市町村に受け継がれています。なかでも有名なのは、佐賀県佐賀市、三重県熊野市波田須町、和歌山県新宮市、鹿児島県いちき串木野市、山梨県富士吉田市、東京都八丈島（八丈町）、宮崎県延岡市です。

徐福は長い間、中国でも伝説上の人物でした。しかし、一九八二年、『中華人民共和国地名辞典』編纂の際の調査で、江蘇省の金山郷に徐福が住んでいた、と伝わる徐阜村《じょふく》が発見されました。

その村には、現在も徐福の子孫が住み、大切に保存されていた家系図には、徐福が不老不死の薬を求めて、東方に行って帰ってこなかったことが書かれており、実在した人物とされたのです。

徐福の日本までの海上経路は、浙江《せっこう》省寧波市慈渓市から韓国の済州島《チェジュド》、釜山《プサン》を経由して、対馬海峡を渡ったとされています。

日本に近づくにつれ、船団は海流に乗っていくつかのグループに分かれ、九州から東北に至る各地域に流れ着いたようです。

各地の伝説によると、到着したのは三千人の若い男女と紙職人、機織《はた》り職人、農耕技術者、漁業特に捕鯨などの専門家、木工技術者、製鉄技術者、造船技術者など生活に関わる技術を習得している者たちでした。

徐福は現在、山梨県富士吉田市の「機織りの神」、青森県小泊の「航海安全・豊漁の神」、和歌山県新宮市の「医薬の神」、佐賀県佐賀市の「農耕の神」、京都府伊根の「子どもの病を治す神」などとしても崇《あが》められています。

渡日後、徐福は真剣に仙薬を探し回りました。そして九州で探しあてたものは、薬草のフロフキ（カンアオイ）と言われているものでした。

日中の懸け橋

中国では、一九八八年、徐阜村に「徐福祠堂《しどう》」が再建され、入り口には徐福像が置かれました。一九九〇年からは毎年旧暦十月十九日に東方に渡った人々の魂を故郷に呼び戻す「徐福祭」が続けられています。二〇〇七年には

「徐福記念館」が完成。徐阜村の発見報告をきっかけに、中国では伝説上の人物ではなく、歴史上の人物として知られるようになりました。

さらに、八七年の「第一回徐福学術討論会」開催をきっかけに、徐福の研究がブームになり、中国、日本、韓国でも研究会やフォーラムが開かれるようになりました。

慈渓市では、二〇〇〇年三月に「徐福記念館」が開館したことを契機に日本の徐福研究者や縁者との交流を始め、翌年秋には「徐福小学」が開校。〇七年十月の第七回「徐福祭」は、日中国交正常化三十五周年の節目にもあたったため、学術交流や著名芸能人を招いての大型イベントも開催しました。

徐福を「日中友好の始祖」として讃えようと、「日中友好始祖徐福」の石碑除幕式が行われました。

日本でも、和歌山県新宮市の「徐福祠堂」が江戸時代以前に建立されており、毎年八月八日に「徐福祭り」が開かれています。佐賀市の金立《きんりゅう》神社では、徐福が金立山に登って薬草を探したという故事にちなんで、一九八〇年四月「徐福二二〇〇年祭」が行われました。

二〇一二年の日中友好四十周年には、神奈川徐福研究会が「徐福フォーラムin 神奈川二〇一二」を企画しました。

一九九七年の日中合作歌劇「蓬莱《ほうらい》の国徐福伝説」をはじめ、日本でも六百を超す物語に登場する徐福。いまでも映画やドラマ、小説でよく見かけ、それは中国や韓国にも広がっています。

徐福は文明の使者、平和の使者、友好の使者であり、二千年を超える日中往来をいまも支え続ける大きな存在です。

正真正銘の日中文化交流の創始者といえるでしょう。

海の神様・媽祖

華僑にしたがい世界へ

改革開放以来、中国の経済的な発展はすさまじく、また、近年は海外に進出するビジネスマンや学者ら知識人の活躍には目を見張るものがあります。昔から中国では、海外に勇躍する中国人を守る神「媽祖《まそ》」が信仰を集めています。媽祖は「天上聖母《てんじょうせいぼ》」「天妃《てんぴ》」「天后《てんこう》」などとも呼ばれ、主に漢民族が居住する地域で祀《まつ》られている神様です。

九六〇年、三月二十三日に中国福建省《ふっけんしょう》蒲田《ほでん》市の林姓の六女として誕生するも、生まれてから一カ月たっても産声をあげないので、「林黙娘《りんもくじょう》」と名づけられました。

媽祖は、幼少時から賢く、十歳で朝晩欠かさず念仏を唱え始めました。十六歳の時、神からの教えと銅製の札を授かり、神通力を得、変化《へんげ》の術に通じるようになったとされています。

宋の太宗の雍熙《ようき》四年（九八七年）、二十八歳で修行を終えますが、父親が海難に遭って行方知れずになってしまいます。悲嘆にくれながら父親を捜すも、福建省の媽祖島に打ち上げられます。

紅い衣装を身にまとった彼女がまるで海上を飛んできたかのように映り、以降、漁民の海難を守る航海の守護神として崇《あが》められるようになりました。南宋から元代初めにはその存在が全国的に広まりました。

郷民は廟《びょう》を建てて祀《まつ》るようになり、宋の徽宗《きそう》は「順済婦人《じゅんさいふじん》」、宋の光宗は「霊恵妃《れいけいひ》」、元の世祖は「天妃《てんぴ》」、清の康熙《こうき》は「天后《てんこう》」、また清の道光は「天上聖母《てんじょうせいぼ》」と、歴代皇帝が尊号を贈りました。こうして、媽祖は神様の地位を獲得したのです。

媽祖は、海の神様として祀られています。船主は船の中に神棚を設けて祀っていました。のちには海や航海の安全だけでなく、自然災害やコレラなどの疫病の発生や盗賊戦争の不安にも、彼女を祈り、安寧を祈願する神様に変化していきました。

媽祖信仰は、華僑《かきょう》の出国にしたがって、世界各地へ伝わりました。世界的に広がる媽祖信徒は二億人を数え、台湾では七五パーセント以上の人口が信徒となっています。福建省湄洲島《びしゅうとう》の天妃廟から枝分かれした媽祖廟分社は、世界に五千社を超えています。

媽祖は千里眼《せんりがん》と順風耳《じゅんぷうじ》の二神を脇に付き従えています。この二神はもともと悪神でしたが、媽祖によって調伏《ちょうぶく》され、改心し、媽祖の随神《ずいじん》となりました。千里眼は周囲を監視し、あらゆる災害から媽祖を守る役割を担い、順風耳は大きな耳であらゆる悪巧《わるだく》みを聞き分け、媽祖に知らせる役をします。

一九九二年、中国政府が湄洲島全島を全面開放して、新たに大規模な媽祖廟を建立したことで、湄洲島の媽祖祖廟（総本山）は世界の媽祖信徒の「聖地」となりました。

その名が世界に広まる

歴代皇帝による篤《あつ》い保護があった武将・鄭和《ていわ》は、十五世紀の前半、明の皇帝の命を受けて全七回にわたって東南アジアからインド洋、アフリカ東岸方面に大艦隊を率いて遠征しました。その際、船に媽祖を奉安し、その加護を得たことをたびたび奏上した、と伝わったため、媽祖信仰はますます広がりを見せました。

海外への渡航では、媽祖を船に乗せて航海の無事を祈り、上陸するとその加護に感謝して、陸地に媽祖廟を建立して奉祀《ほうし》し、未知の土地での生活の安寧や発展を祈願しました。

こうして、台湾や東南アジア各地に媽祖廟が増え、次第に媽祖は航海に限らず、あらゆることに利益のある神へと変身していきました。

宋の時代、福建省泉州が貿易港として開放され、市舶司《しはくし》（貿易管理機関）を設置するようになったことから、にわかに舟師《ふなし》（船子）の信仰が盛んになり、たちまち福建省、浙江省《せっこう》一帯に広まりました。

元の時代に入り、江南から燕京《えんきょう》への米穀輸送船の遭難をしばしば守ったことで、朝廷から「天妃《てんぴ》」の号を封ぜられ、航海守護神として全国的に祀られるようになりました。

明の時代になると、一時信仰が内地に広がっていきました。一四〇五年から鄭和の西洋遠征大船団、ならびに琉球冊封使船《りゅうきゅうさっぽうし》を守りました。さらに、海外貿易の隆盛に伴い、台湾および南洋各地、日本にも信仰が伝わります。

近代に入り、信仰者の願望にしたがい、女神であることも手伝って、次第に誕生、育児、疾病などを祈る家庭神に変わっていきました。

海外ではマレーシア、フィリピン、インドネシア、タイ、ベトナム、ミャンマー、日本、カンボジア、ラオス、朝鮮半島、インド、フランス、デンマーク、アメリカ、ブラジル、アルゼンチンなどにも媽祖廟がつくられ、多数の信仰者がいます。

二〇〇九年には、媽祖信仰がユネスコ無形文化遺産に登録されました。十月二十六日（旧暦九月九日媽祖昇天の日）、媽祖が昇天したと伝えられる日から千二十二年目にあたる日の午前、世界各地にある媽祖廟で同時に平和の鐘が鳴らされ、湄洲媽祖廟では読経供養と平和祈願式典が行われました。

現在も毎年、媽祖の誕生日から昇天の日までの期間に、湄洲島で「東方のメッカ」といわれる盛大な祭りが開催され、世界からの媽祖信仰者が集います。

日本における媽祖信仰

十五世紀ごろ、明との通交によって、長崎、沖縄に来住した中国人が日本に媽祖信仰をもたらしました。最初に長崎にある福済寺、興福寺、崇福寺などに媽祖が祀られ、元禄三年（一六九〇年）に水戸光圀《みつくに》（徳川光圀）が長崎の黄檗《おうばく》宗の僧を水戸に招聘《しょうへい》したことがきっかけで、僧が携えてきた媽祖像を水戸の弟 橘 媛《おとたちばなひめ》神社に合祀《ごうし》しました。

その後、青森県大間《おおま》村の名主伊藤五郎左衛門が水戸の天妃を大間稲荷神社に遷座《せんざ》し、毎年、海の日に大間稲荷神社で「天妃祭」が行われています。これらのことから、日本人の媽祖信仰は、三百余年の歴史を有することになります。

日本では、横浜媽祖廟が有名ですが、江戸時代以前に伝来・作製された媽祖像は南薩摩地域を中心に四十例以上確認されています。沖縄県那覇市久米では小学校名に採用、天妃町という地名にもなっています。

近年、『和漢船用集』や『増補諸宗仏像図彙《ずい》』など江戸時代の文献に、舟《ふな》玉《だま》（船霊）神やその「絵姿《えすがた》」として媽祖が登場していることがわかり、媽祖は、寺廟などに祀られるのとは別の形でも、かなり広まっていたことが考えられます。

舟玉は船の守護神として、船乗りや漁民に信仰され、舟玉の擬人化として、同じ女神である媽祖が重ね合わされたことも判明しています。琉球の「おなり神信仰」も媽祖との類似性が考えられています。

媽祖信仰は、単なる民族信仰にとどまらず、政治、経済、文化、民族、宗教など、広範囲の中で考察されています。宗教と固有の文化が融合した、世界平和を祈願する神としても国際的に関心を集めているのです。

福建省莆田市湄洲島の一庶民の女性が、航海守護の神となったのです。航海・漁業を護る海の神様から、自然災害・戦争・盗賊から人々を護る女神様へ、さらに、あらゆることに利益のある神として祀られ、まさに万能の神として変身・成長していきました。華僑の居住地域社会の繁栄、祖国中国と居住国との友好往来の紐帯《ちゅうたい》としての役割を果たし続けていくことを願ってやみません。

おわりに

近年の中国経済の発展には目覚《めざ》ましいものがあります。

二〇一〇年にはGDP（国内総生産）で日本を追い抜き、世界第二位の経済大国へと躍り出ました。

日本では、「中国脅威論」の陰に隠れてほとんど報道されないことですが、中国はテクノロジーの分野でも日進月歩で進化し続けています。たとえば、世界一のスーパー・コンピューターを開発し、海底探査船は深度七千メートル級の船を建造しています。

また、有人宇宙飛行にも二度成功し、二〇二〇年にはアメリカに依存しない「北斗《ほくと》」と呼ばれる中国独自のGPS（衛星利用測位システム）の運用を開始する見込みです。

高速鉄道の延伸距離も世界一位となり、高速鉄道技術の海外輸出も行っています。

世界第二位の経済規模を持つ中国と、世界第三位の日本が手を携《たずさ》え、友好の絆《きずな》を深めていくことができれば、計り知れない輝かしい未来が待っているのです。

多くの同志と手を携えながら

どれほど険しい関係に陥《おちい》ろうとも、日中両国は一衣帯水《いちいたいすい》の隣国同士です。国家はどこか遠くに引っ越すということができません。

好むと好まざるとにかかわらず、仲良く付き合わざるをえないのです。結局、両国の民衆同士が真心をもって交流を深めていくしかありません。

いまこそ、日本と中国の友好の絆を深めていくべき時だと思います。その時の状況次第で変わってしまう政治や外交レベルだけに頼るのではなく、「以民促官《いみんそくかん》」の精神で庶民の力を根本とし、政治や外交を動かしていく粘り強い努力を重ねていくべきだと考えます。

これからも日本の多くの同志と手を携えながら、日中友好の揺るがぬ大道を歩んでいきたいと決意しています。

最後になりましたが、本書の上梓《じょうし》にあたって、心温かく私を見守り、支え続けてくださった第三文明社の関係者の皆様に心から感謝申し上げます。

二〇一五年九月　神戸にて

胡金定

胡金定
（こ・きんてい）
甲南大学教授。中外新聞社（香港）記者。1956年、中国福建省生まれ。中国廈門大学外文学院卒業。神戸大学大学院文化学研究科博士課程修了。著書に『郁達夫研究』（東方書店）、『アクティブ中国』（共著、朝日出版社）、中国語教科書など多数。

日本《にほん》と中国《ちゅうごく》の絆《きずな》

2015年11月18日　初版第1刷発行

著者　胡金定《こきんてい》
発行者　大島光明
発行所　株式会社 第三文明社
東京都新宿区新宿1-23-5　〒160-0022
03-5269-7154（編集代表）
03-5269-7145（営業代表）
振替口座　00150-3-117823
http://www.daisanbunmei.co.jp

印刷・製本所　図書印刷株式会社

ISBN 978-4-03351-9